CÓMO DEJAR DE SER UNA NIÑA BUENA

Mireia Rodríguez

CÓMO DEJAR DE SER UNA SER UNA NIÑA BUENA

MOLINO

Penguin
Random House
Grupo Editorial

Primera edición: febrero de 2024

© 2024, Mireia Rodríguez
© 2024, Penguin Random House Grupo Editorial, S. A. U.
Travessera de Gràcia, 47-49. 08021 Barcelona

Printed in Spain – Impreso en España

ISBN: 978-84-272-4071-1
Depósito legal: B-21.428-2023

Compuesto en JuanStudio

Impreso en Rodesa
Villatuerta (Navarra)

MO 4 0 7 1 1

A Sara, por nuestros cuentos antes de ir a dormir

ÍNDICE

SEGUNDA PARTE
UNA MIRADA AL PRESENTE
DE NIÑA BUENA A MUJER COMPLACIENTE

TERCERA PARTE
UNA MIRADA AL FUTURO
DE MUJER COMPLACIENTE A MUJER SEGURA

PRÓLOGO

Siempre te consideraste una niña madura para tu edad. Una niña que se sentía grande por dentro.

Cuando echas la vista atrás, esa madurez parece haberte acompañado desde hace mucho tiempo. Eras una niña responsable, obediente, que hacía poco ruido en casa y apenas daba problemas en el colegio. Quizá los adultos alababan lo mucho que sonreías, o lo inteligente o educada que eras.

Eras una muñequita que quedaba bien en cualquier lugar. Te encantaba serlo porque, en esas miradas, aunque no fueran de tus cuidadores, encontrabas afecto.

Años más tarde, observas a tu alrededor y empiezas a darte cuenta de algo: la hija de tu mejor amiga tiene ocho años y es una niña pequeña. Con aquella edad, tú ya ponías paz en las discusiones en casa.

Tu sobrina sopla las velas de los diez, pero aún es una niña. Con aquella edad, te tocó vivir un divorcio en el que las partes implicadas decidieron usarte como moneda de cambio.

Tu hija está a punto de cumplir doce años y, ¡madre mía!, es una niña. Pero tú, con aquella edad, estabas sosteniendo el vacío de tu padre y la rabia de tu madre.

Llegados a este punto, empiezas a sospechar por qué te sentiste tan mayor cuando ni siquiera te había venido la regla.

Muchas de estas niñas mayores acuden años después a terapia. Son mujeres que, en algún punto de su camino, han empezado a sentirse atascadas, como si algo pesara tanto en su mochila que les impidiera seguir caminando en el presente.

Algunas de ellas son mujeres hiperexigentes consigo mismas, mujeres que se han dejado la piel estudiando o trabajando y que llegan a consulta con un cuerpo cargado y tenso al que no dejan descansar.

Otras son mujeres de mirada triste, pero con una sonrisa siempre dibujada en la cara, atentas y disponibles para todo el mundo, menos para sí mismas.

Otras más son mujeres que se ven atrapadas en una vida que no sienten suya, construida siempre por y para los demás. El miedo a dar un paso diferente les ahoga.

Todas ellas son mujeres que sienten una profunda soledad en su interior, e intentan taparla a través de la mirada de los demás. En consecuencia, se topan una y otra vez con relaciones superficiales y caminos sin sentido que, lejos de llenarlas, las hacen sentir más vacías.

En este libro vamos a explorar las raíces de esa tendencia a ser un hogar seguro para todos, pero no para ti. Esa disposición a sonreír y decir sí cuando, en realidad, quieres decir no. Esa inclinación a no abrir la boca cuando lo que desearías es gritar. En esta lectura, vas a entender por qué sientes la necesidad de que todo el mundo te apruebe y por qué has dejado de seguir tu camino por cumplir con una mirada ajena.

Nos vamos a acercar a esa niña mayor y buena, que sigue viviendo bajo tu piel, intentando representar un papel de adulta que no le tocó entonces y tampoco ahora.

A lo largo de este libro harás un viaje que te ayudará a conectar con todas las historias que siguen vivas en tu cuerpo. Tanto las que te dan calor como aquellas otras que aún siguen removiendo tu interior. Podrás disfrutar de un viaje de introspección donde escuchar al cuerpo, donde oírte hablar desde lo más profundo. Un viaje de reconexión contigo misma.

Antes de empezar me gustaría explicarte que, en este libro, no pretendo demonizar a ningún cuidador. Existen realidades muy complejas, adultos con mucho dolor por dentro que han volcado todas sus heridas sobre sus hijos. Eso es tremendamente injusto para cualquier ser. Pero también hay muchos cuidadores que lo han hecho lo mejor que han podido, desconocedores de ese dolor que han podido infligir porque también han sido hijos de unos padres que no han sabido verles ni amoldar sus brazos a ellos.

Esto que escribo no pretende buscar culpables de nuestras heridas. Tampoco encontrar la manera de perdonar a esas personas. Simplemente espero que puedas acercarte a esa niña o adolescente que fuiste. Que te lo tomes como un viaje de conexión y encuentro con tu historia para entender qué heridas siguen grabadas en tus entrañas que, de alguna manera, siguen haciendo ruido en el presente.

También quiero lanzarte un mensaje de esperanza y cariño hacia tu proceso de autoconocimiento: estés en la etapa que estés, la digestión emocional necesita sus tiempos. Cuando una empieza a mirar hacia dentro, se encuentra con heridas sin curar que da miedo tocar. Dentro de ellas hay historias que aún duelen, que necesitan llorar mucho y gritar desesperadamente para liberarse.

En ese proceso que estás emprendiendo o en el que estás inmersa desde hace tiempo, las emociones acumuladas en las heridas que están dentro de ti irán saliendo poco a poco.

En el proceso de curar las heridas se busca liberar. La liberación es algo que tiene que fluir, como un río. Dando tiempo a nuestro cuerpo para abrirse, expresarse, digerir y reubicarse. A lo largo del proceso pueden venir las prisas o el miedo a quedarnos atascadas en esa transición. En esos momentos, creo que puede servirte recordar que todo necesita sus tiempos y que debemos ser observadoras y respetuosas con ellos. Nadie le dice a la naturaleza que acorte el invierno o avance la primavera, porque necesita sus tiempos para pasar de una etapa a otra. En algún punto, el río encontrará su desembocadura.

Eso no significa que nos resignemos ante la realidad. En ese cambio de etapa, en ese proceso, debemos cuidarnos y buscar refugios seguros ante los rápidos del río.

Con todo, solo espero que, en ese proceso, tengas mucha paciencia, mucho mimo y cariño.

Entender(nos) permite vernos, también permite ver las heridas sin cicatrizar de los demás, ampliar el foco y no quedarnos congeladas señalando culpables sin tomar acción sobre nuestra vida.

Querida abuela, madre, hermana, hija, espero que este libro te permita encontrar dentro de ti a la niña que fuiste para conectar con ella, entenderla y guiarla hacia ese mar que le permita ser más libre.

Por cierto: a lo largo del libro verás que a veces hablo de papá y mamá, pero, por favor, adáptalo a tu experiencia, en esos casos me refiero a tus cuidadores principales.

También te habrás dado cuenta de que escribo en femenino. Sin embargo, quiero expresarte que este libro va dirigido a cualquier persona que desee echar la vista atrás, mirar su presente y empezar a dar pasos diferentes hacia su futuro.

¡Ahora sí! ¿Empezamos la aventura hacia adentro?

PRIMERA PARTE
UNA MIRADA AL PASADO
LA MIRADA QUE BUSCABAS

ENCANTADA DE CONOCERTE

Iniciemos el viaje hacia atrás en tu historia y hacia dentro de ti misma.

EJERCICIO 1. Visitando a la niña que fuiste

En todos los ejercicios que llevaremos a cabo a lo largo del libro es importante que tengas presente que si en algún momento, mientras lees el enunciado, sientes que se te puede hacer demasiado cuesta arriba, es mejor que no lo hagas. Póntelo fácil, respeta tus propios límites y no te fuerces a rellenar espacios en los que no te sientes lista para profundizar. No te obligues a ver nada, tampoco te juzgues por lo que salga o no salga. Simplemente, deja que sea.

Te voy a pedir que te sientes y tomes una postura corporal con la que estés cómoda. Después, te invito a que hagas diez respiraciones profundas que te permitan ir conectando con la entrada y salida de aire. Puedes cerrar los ojos mientras lo haces.

Primera respiración. Siente cómo entra el aire por tus fosas nasales mientras lees esto. Nota cómo la entrada de aire va descendiendo hasta la parte inferior de tus pulmones, cómo rellena la parte superior elevándote un poquito hacia arriba.

Cuando te notes llena, retén. Cuenta 1... 2... 3...

Ahora, ve soltando lentamente por la boca, alargando la exhalación y notando cómo tu cuerpo desciende a medida que sale el aire. Mantente ahí, sin aire, 1... 2... 3...

Vamos a hacer lo mismo con una segunda respiración.

Tercera respiración.

Cuarta respiración.

Quinta respiración.

Sexta respiración.

Séptima respiración.

Octava respiración.

Novena respiración.

Décima respiración.

Ahora vas a mirar hacia un lado y, ahí, vas a ver a la niña que fuiste. Obsérvala un momento.

No pienses demasiado. Quédate con ese primer impacto, imagen o recuerdo.

Si no la has visto, piensa en algún momento de tu infancia. Si, por el contrario, te cuesta conectar con ella o no te viene ninguna imagen, no pasa nada. Deja los siguientes espacios en blanco y recuerda seguir tus ritmos y no forzarte a nada que te haga sentir la más mínima angustia.

• ¿Cuántos años tiene la niña que has visto o recordado?

_____

_____

- ¿Cómo va vestida? ¿Tiene algún peluche entre sus manos? ¿Tiene el pelo corto? ¿Largo? ¿Recogido?

....

....

- ¿Hacia dónde mira? ¿Cómo mira? ¿Está cerca o lejos de ti? ¿Cuál es su expresión facial?

....

....

- ¿Cómo crees que se siente? ¿Qué emoción crees que predomina en ella?

....

....

- ¿Cómo se siente con los niños y niñas de su edad? ¿Juega con ellos? ¿Tiene amigos? ¿Cómo se entretiene? ¿Le gusta explorar?

....

• ¿Cómo se siente en casa? ¿Se siente vista, escucha-
da y atendida? ¿Se siente sola? ¿Se siente acogida?

_____

_____

• ¿Cómo se porta en casa?

_____

_____

• ¿Cómo expresa el enfado? ¿Cómo la acogen en
casa? ¿Se adapta o excede los límites que le ponen?

_____

_____

• ¿Cómo expresa su tristeza? ¿Cómo se acoge esa
emoción casa?

_____

_____

• ¿Cómo expresa su felicidad? ¿Cómo siente que se acoge en casa?

....

....

• ¿Qué dicen los adultos de ella? (Su padre, su madre, sus abuelos, sus profesores...).

....

....

• ¿Qué creencias tiene esa niña sobre sí misma, sobre los demás y sobre la vida?

....

....

• ¿Cómo te has sentido al verla?

....

....

Ahora te voy a pedir que te dejes llevar y me la presentes, desde tu punto de vista como adulta, con los adjetivos y palabras que te vengan a la cabeza.

• _____ era una niña _____

_____

• Actualmente, _____ es una adulta _____

_____

Encantada de conocerte a ti y a la niña que fuiste.

LOS BRAZOS QUE NOS RECOGEN

Una criatura no puede escoger el lugar en el que nacerá, tampoco los padres que tendrá, cuán disponibles estarán para ella, con cuánto dolor cargan ni cuánto echan hacia fuera. Esa criatura, que no tiene poder de elección, dependerá por completo de esos cuidadores que la cojan en brazos.

Si es afortunada, tendrá unos cuidadores que acomodarán tanto como puedan sus brazos alrededor de ella. Para que ocupe el espacio que necesite ocupar. Haciéndole sentir unos brazos seguros en los que estar, a los que volver. Son los brazos de unos cuidadores que saben leer atentamente las señales que transmite la criatura, adaptarse a sus necesidades y responsabilizarse de las veces que no han podido hacerlo. También son brazos que saben abrirse poco a poco permitiéndole crecer y explorar el mundo, sin asfixiarla.

La criatura recibirá de esos cuidadores una mirada consistente e incondicional, llena de afecto y cariño, que le reflejará una imagen valiosa de sí misma.

Una mirada acompañada de unos brazos que ella sentirá disponibles y seguros para refugiarse ante los impactos que traiga consigo la vida.

Si no hay tanta suerte, la criatura se tendrá que acomodar en esos brazos como buenamente pueda. Se irá recortando por aquí y por allá con la finalidad de encajar en un puzle en el que no estará encontrando un espacio para, simplemente, ser. Esa picza se moldeará para acomodarse, ocupando más o menos espacio según la necesidad de los brazos. Si hace falta, incluso se hará pequeñita para no ocupar demasiado.

Ese amor se acaba sintiendo inconsistente y condicional: dependiendo de cómo estés tú o de lo que haga yo, sentiré esos brazos disponibles para abrazarme. Quizá ni siquiera tenga unos brazos en los que arroparme, pero me conformaré con un poco de atención. Una atención que recibiré portándome muy muy muy mal para que desvíes la mirada del ordenador, o muy muy muy bien, silenciando todas mis necesidades, para que, en algún punto, me felicites por ser una hija ejemplar.

Algunas criaturas se acercarán tanto a sus padres que se quedarán pegadas a ellos. Cumplirán y satisfarán sus necesidades con la finalidad de que ese agrado les permita estar junto a ellos. Con una profunda incapacidad para separarse de ese cordón invisible que les une en un estado constante de aprobación.

Años después, estas niñas, que ya son adultas, llegan a consulta pidiendo que les quitemos un malestar que no les deja dormir. O bien la taquicardia que les entra cada vez que se despiertan para ir a trabajar o asistir a una reunión familiar. Otras se encuentran atrapadas en vidas en las que parecen no sentir poder de decisión. O bien apáticas ante un día a día que no tiene sentido. Personas con dolores corporales sin causas médicas. Personas metidas en relaciones de pareja, amigos, familia y trabajos donde no se les da voz. Personas que no saben qué sienten. Personas que no cuestionan sus límites. Personas que no saben qué necesitan. Qué quieren. Ni siquiera quiénes son. Pero ¿cómo van a saberlo si han vivido en una lucha eterna por encajar en un pequeño espacio del puzle?

EJERCICIO 2. ¿Qué espacio ocupaste?

En este ejercicio te voy a pedir que vayas a buscar lápices de colores. Tus manos van a dejar de ser tuyas por un rato y se van a convertir en las manitas de la niña que viste al principio del libro. Si no apareció nadie en el primer ejercicio, simplemente te voy a pedir que intentes recordar a las personas que formaron parte de tu primer hogar.

Dibuja como una niña a tu familia nuclear. Por favor, no pienses en que tiene que ser un dibujo impoluto y perfecto, tus manos son las de una niña que se dispone a dibujar a su familia. Haz los garabatos que te dé la gana.

Solo te voy a pedir que sigas dos normas:

• Primero dibújate a ti misma. Escoge libremente a quién dibujarás después.

- En estas dos páginas, sitúate a ti y, a posteriori, sitúa a las personas tal y como las sentías respecto a
ti y entre ellas. Dibuja expresiones faciales y corporales. Miradas. No miradas. Lo que sientas que mejor refleje la dinámica de ese primer hogar.

• ¿A quién has puesto en este sistema familiar?

....

....

• ¿Dónde te has situado? ¿Por qué te has situado en ese lugar?

....

....

• ¿Qué distancia tiene cada persona respecto a ti? ¿A qué crees que se debe?

....

....

• ¿Qué distancia hay entre ellos? ¿A qué puede deberse?

....

....

- ¿Hacia dónde dirías que se dirigen las miradas de cada miembro del sistema?

....

....

- ¿Cómo te hacía sentir esa distancia respecto a cada miembro del sistema?

....

....

- ¿Y las miradas?

....

....

- ¿Qué expresiones faciales has escogido para representar a las personas que forman parte del sistema? ¿Por qué?

....

....

- ¿Qué expresión has escogido para ti? ¿Por qué?

....

....

....

- ¿Hay algo que esa niña echó de menos en ese sistema? ¿Otra posición? ¿Otras distancias? ¿Otros gestos?

....

....

....

....

La finalidad de este ejercicio es conectar con cómo percibías tu sistema familiar en la infancia: si te sentías lejos o cerca de los demás, las posibles interacciones que notabas entre los diferentes miembros de tu familia... Seguro que esa niña que fuiste ya percibía muchas cosas. Ahora, la adulta que eres puede mirarlo desde otra perspectiva, darse cuenta de las dinámicas imperantes y ponerle palabras a la situación.

EL DISFRAZ QUE TE PUSISTE

Cada ser despliega recursos que le ayudan a sobrellevar, compensar o enfrentar de la mejor manera posible la situación en la que se encuentra y de la que, muchas veces, no puede escapar. Esos recursos varían muchísimo dependiendo de la persona, entorno y situación.

Estos recursos surgen como un mecanismo de supervivencia, un disfraz emocional que envuelve a la criatura con la misión de lidiar con el estrés constante, mantener cerca a sus vínculos, hacerse hueco en el hogar y ser vista, aunque solo sea un poco.

El disfraz ayuda a crear un personaje que oculte tras sus telas el miedo, en un intento por ocupar un espacio que le dé algo de certeza y control para, así, asegurar su supervivencia.

Las criaturas pueden disfrazarse de lo que el progenitor busca o necesita como una forma de lidiar con la incertidumbre y el estrés de un hogar frágil o quebradizo.

Esta impostura va surgiendo sobre nuestra piel de forma inconsciente a través de las interacciones que tenemos en nuestra infancia y adolescencia, en las que nos escondemos tras sus telas para adaptarnos a la fiesta temática en la que nos encontremos.

Ese disfraz surgió como una forma de supervivencia y adaptación al entorno. El problema llega cuando se queda pegado a nuestra piel. Es como usar guantes en invierno: son muy útiles, pero se vuelven incómodos si se adhieren a nuestras manos y están permanentemente puestos, haga frío o calor. Es probable que, si nunca nos hemos parado y tomado consciencia del disfraz, siga ahí, funcionando con las mismas herramientas y recursos de entonces, cumpliendo la misma función cuando, quizá, ya no hace frío.

En ese punto, es el disfraz el que nos lleva a nosotras y nos aleja de quienes realmente somos. Podemos llegar a estar tan acostumbradas a responder a través de él que no nos planteamos otro tipo de respuesta que salga de ese marco. Tenemos claro cómo responde el personaje que encarna ese disfraz, nos resulta familiar y, hasta cierto punto, cómodo. Esto se debe a que respondemos según lo que se espera de nosotras y tendemos a prever la respuesta de los demás respecto a ese traje que llevamos puesto. Sin embargo, nos olvidamos del dolor y del miedo que siguen escondidos debajo del disfraz.

Algunas criaturas muestran comportamientos de adaptación excesiva a las expectativas, deseos o normas de los demás en detrimento de su propia identidad y necesidades. Con un disfraz enfocado a las necesidades de los demás, tapan su verdadera piel tras la creencia de que con ser simplemente quienes son no es suficiente. Una piel que no se ha sentido aceptada en su entorno, haciendo creer a la niña que había algo malo en ella.

Ya sea por un peligro real, como es la violencia física o un peligro menos evidente, como es el abandono emocional, encontramos criaturas que «aparecen» para compensar, equilibrar o sostener el sistema familiar o proteger su vínculo con los progenitores.

Los ojos de la criatura se centran en las necesidades de sus cuidadores, o bien se sensibilizan ante el mínimo gesto de abandono, hostilidad o rechazo para así saciar las necesidades del otro o apaciguar los ánimos antes de que haya una consecuencia.

Estar constantemente enfocadas hacia fuera les impide prestar atención a lo que pasa dentro de sí mismas. Con el disfraz muestran, primero a sus cuidadores y después al mundo, aquello que estos quieren que sea, sacrificando sus propias necesidades y deseos en favor de los demás en una búsqueda constante de aprobación y evitando el conflicto a toda costa.

Esta respuesta puede ser una estrategia para hacerse un espacio en un lugar en el que no se es visto, pero también puede ser utilizada para tratar de evitar situaciones que la desborden o la pongan en peligro real.

La adaptación excesiva a lo que los adultos quieren o esperan de mí se convierte en un traje que, en este libro, llamaremos «el disfraz de la niña buena». Uno de esos disfraces que una se pone muy pronto y del que después cuesta muchísimo separarse.

> Las niñas buenas son halagadas
> por su buen comportamiento:
> lo buenas que son, el poco ruido que hacen.
> Por ser responsables, adaptables, por no tener
> problemas con nada ni con nadie.

Son criaturas que parecen estar diseñadas para no molestar, cumplir con las expectativas ajenas y agradar a los demás. Por supuesto, las figuras adultas en las que se transforman suelen seguir los mismos pasos.

EJERCICIO 3. Conocerse implica hacerse preguntas incómodas

En este punto, me gustaría proponerte otro ejercicio de introspección basado en el cuestionario biográfico autoaplicado en el que podrás conectar con la niña que fuiste.

Puedes sustituir padre o madre por el nombre de tus cuidadores principales en la infancia.

• Describe la personalidad de tu padre.

....

....

....

• ¿Qué rasgos de su personalidad influyeron más en ti?

_____

_____

• ¿Qué es lo que más le gustaba a tu padre de ti?

_____

_____

• ¿Y lo que menos?

_____

_____

• Describe la personalidad de tu madre.

_____

_____

_____

- ¿Qué rasgos de su personalidad influyeron más en ti?

_____

_____

- ¿Qué es lo que más le gustaba a tu madre de ti?

_____

_____

_____

- ¿Y lo que menos?

_____

_____

Párate un momento y observa cómo eso que les gustaba a mamá y a papá de ti hoy es algo que está presente en tu vida y si es algo que te hace sentir esclava o si, por el contrario, es una herramienta de ayuda en tu camino.

Haz lo mismo con eso que sientes que no les gustaba de ti. Si es una parte de ti que has rechazado o rechazas cada vez que sale o si forma parte de tu experiencia.

Puedes dejar aquí tu reflexión.

En el ejercicio que te he propuesto te preguntaba por esas características que les gustaban a tu padre y a tu madre de ti. Las criaturas tienen especial sensibilidad para notar qué es lo que gusta y no gusta de ellos. Solo tienes que fijarte en cualquier niño o niña en una cafetería, parque o comida familiar. Si te ríes de eso que está haciendo, lo hará cien veces más. Porque en esa sonrisa ve aceptación, atención y reconocimiento. Así que, con tal de que mantengas tu mirada fija en ella, volverá a hacerlo una y otra vez.

¿A quién no le gusta sentir conexión a través de una sonrisa?

Sin embargo, en hogares donde una no se sentía demasiado vista, esas herramientas se despliegan no para tener una sonrisa, sino por necesidad de alguna mirada. También puede pasar a la inversa: que esa mirada sea de enfado. Pero, al menos, es una mirada.

Son muchos los ojos que nos miran a lo largo de la vida. Sin embargo, es curioso cómo los primeros ojos en los que nos reflejamos son los que nos mantienen presas durante toda la vida de una idea sobre nosotras que nos fuerza a seguir caminos recónditos.

LA IMPORTANCIA DE LOS PRIMEROS VÍNCULOS

En la década de 1950, el psicólogo Harry Harlow se adentró en un terreno desconocido en el campo de la psicología animal. En ese entonces imperaba la idea de que los vínculos entre criaturas y cuidadores existían solo para satisfacer las necesidades básicas de supervivencia, como la alimentación. En el caso de las personas adultas, el vínculo era un medio para satisfacer otra pulsión: la sexualidad. Harlow, sin embargo, cuestionó este punto de vista y se propuso explorar la importancia del contacto y el afecto en la formación de relaciones.

Harlow le dio a unos monos Rhesus la opción de elegir entre dos «madres». Una era de alambre frío con comida, y la otra estaba hecha de tela suave y reconfortante, pero no ofrecía comida. Sucedió algo increíble: los monitos prefirieron la madre de tela, ¡incluso cuando tenían hambre! Esto causó un gran debate sobre las necesidades emocionales de los animales.

Los experimentos de Harlow demostraron que el contacto físico y el apego emocional eran esenciales para el desarrollo saludable de los monos. Los que no tenían esta conexión afectiva experimentaban muchísimos problemas emocionales y de adaptación. Estos descubrimientos sentaron las bases para entender mejor el papel del apego, la dependencia y la necesidad de conexión en nosotros, los humanos, y en otras especies.

Las investigaciones de este psicólogo brindaron evidencia empírica sólida de que el contacto emocional y el consuelo son elementos esenciales en la formación de los vínculos afectivos y de que el apego en sí mismo es una necesidad básica que buscamos inconscientemente para sobrevivir y no un vehículo para saciar otras necesidades vitales.

PERO ¿QUÉ ES EL APEGO?

El concepto de apego fue desarrollado por el psicoanalista John Bowlby y se basa en la idea de que los seres humanos tenemos una necesidad innata de establecer relaciones afectivas cercanas. Estas relaciones de apego influyen en nuestra respuesta a situaciones sociales y emocionales a lo largo de la vida.

El apego es un sistema arraigado en nuestra biología que ha evolucionado para garantizar la supervivencia de la especie a través del cuidado y la protección de las crías. Se puede observar en el comportamiento de búsqueda de proximidad, a través del cual las criaturas buscan la cercanía y el contacto con su figura de apego cuando se sienten amenazadas o inseguras, pero este sistema no solo busca la protección ante una amenaza, sino la disponibilidad de la figura cuidadora que asegure calor, cuidado y atención.

Biológicamente, estamos provistas de una serie de patrones de comportamiento que ayudan a la vinculación para poder sobrevivir. La necesidad innata de apego hace que los niños se adapten al cuidador, evitando cualquier comportamiento que pueda irrumpir o romper el vínculo.

Otro de los pilares imprescindibles para el modelo de apego fue el de Mary Salter Ainsworth, que a su vez estuvo influida por sus trabajos con William Blatz. Entre todas sus aportaciones, Ainsworth diseñó un test para determinar el tipo de apego en niños de un año llamado test de la situación extraña. Los resultados fueron interesantísimos, pues demostró que el apego no era un fenómeno homogéneo, sino que las criaturas tenían diferentes formas de relacionarse con sus cuidadores en función de su experiencia y de cómo sus cuidadores respondían a sus necesidades emocionales. Se pudieron identificar patrones de comportamiento que se clasificaron en diferentes tipos de apego: seguro, inseguro evitativo e inseguro ambivalente. Mary Main y Judith Solomon ampliaron este marco, agregando el cuarto tipo de apego llamado «desorganizado».

¿CÓMO CREAR UN APEGO SEGURO?

Para generar un apego seguro, la criatura necesita una respuesta sensible por parte de sus cuidadores. Es decir, que el cuidador sepa detectar las señales emitidas por el bebé y acuda a solucionar la necesidad, fomentando un ambiente de cariño, sostén y cuidado. Sin embargo, pese a ser una respuesta necesaria, autores como Gergely y Watson explicaron que era insuficiente.

Cuando el bebé experimenta algo en su etapa más vulnerable, como frío, es necesario transmitir una representación secundaria y tolerable. ¿Qué quiere decir esto? El bebé está experimentando el frío como algo intolerable, por lo que necesita un cerebro adulto que no solo satisfaga la necesidad, sino que traduzca lo que está pasando, llevándole a la calma. De esa manera, el bebé recupera la tranquilidad gracias a esa figura adulta que ha sabido leerla, traducirla y calmarla.

Cuando esta respuesta es repetitiva, coherente y consistente, se crea un vínculo de calma, confianza y seguridad entre la figura cuidadora y la criatura cuidada. A eso lo llamamos apego seguro.

> De esta forma el ser humano empieza a
> abrirse a otro ser humano y a entenderse
> a través de la mirada del otro.
> También es así como empieza a relacionarse
> con su mundo interno, con sus sensaciones,
> para escucharlas, entenderlas y darles
> respuesta. La criatura irá desarrollando
> un «yo» estable que le permita sentir
> que sus necesidades son importantes,
> que es tenida en cuenta, generando
> en ella una sensación de valía.

LA SEGURIDAD DEL HOGAR

Desde la seguridad del hogar, una criatura se atreverá a abrir la puerta de casa para explorar el mundo con ganas. Se sentirá abierta a conocerse y a conocer. Esa casa será suficientemente segura y consistente para que quiera volver a compartir sus experiencias, sentir la felicidad de su regreso o bien sentir calma, cura y abrazo si se ha herido en el exterior.

La criatura que no sienta seguridad en ese hogar no se atreverá a alejarse de él ante el miedo de que el hogar se vaya cuando salga por la puerta. Quizá explore, pero no vuelva esperando un abrazo de bienvenida, un espacio donde compartirse o curarse. Puede, incluso, que esa criatura tenga la necesidad de volver, pero que tema a su propio hogar, que lo sienta frío o vacío.

Ese «salir y volver al hogar» tiene que ver con la exploración del mundo y con las personas de nuestro entorno, pero también con cómo nos exploramos y relacionamos con nosotras y con nuestro mundo emocional. Relacionarnos con nuestro mundo emocional tiene que ver con permitirnos explorar cómo nos sentimos y permitirnos atravesar cualquier temporal interno que sintamos, por desagradable que sea, entendiendo que, pese a ello, somos nuestro lugar seguro.

TIPOS DE APEGO

Para introducirte a los tipos de apego, te pondré el ejemplo de cómo se comportan cuatro niñas que van al parque y su relación con su figura de apego principal. Quizá también te ayude a conectar un poquito con tu infancia.

APEGO SEGURO: la base me aporta seguridad, autonomía para partir. El refugio, calor y abrazo para volver
Imagina a una niña en el parque que tiene muchas ganas de jugar y decide ir a explorar ese pequeño mundo al que le ha llevado su madre por primera vez. Irá a unos columpios cerca del banco donde se sienta su madre y, cuando haya jugado un rato, volverá para explicárselo. Arropada por la mirada de su madre, irá a un columpio un poco más alejado, conocer a otros niños... Cuando tenga sed o hambre, volverá en busca de su madre, a la que, con seguridad, sabe que encontrará en el mismo banco. Si se hace daño, irá a buscarla para que la cure, acoja su dolor y le diga que todo estará bien.

La seguridad del vínculo actúa como trampolín para que la niña sienta confianza para partir a explorar y seguridad para saber que tendrá un refugio calentito a su vuelta. Al sentir esa seguridad, la niña no tiene que preocuparse por otra cosa que no sea disfrutar, explorar el parque, ensuciarse con tranquilidad, conocer a otros niños y a sí misma.

APEGO INSEGURO AMBIVALENTE: No siento una base segura para salir a explorar

La niña que está en el parque no sentirá tanta seguridad para lanzarse a explorar de forma autónoma. Puede que se quede jugando cerca de la madre o que pida constante atención para que la mire. Puede que se atreva a explorar pero que se gire constantemente para asegurarse de que sigue ahí. O que, en vez de ir a explorar, se quede sentada a su lado en el banco para asegurarse de que «si se va», se va con ella. Esta niña sufrirá mucho ante la separación o posible marcha de su madre, esa preocupación no le permitirá desenvolverse con tranquilidad, limitará su exploración y la privará de conocer el parque, al resto de niños y niñas que juegan en él y a sí misma.

La niña que juega en el parque está pendiente, preocupada y en hipervigilancia para saber cuál será el siguiente movimiento de su cuidador. De esa manera, deja de centrarse en sus deseos y necesidades con tal de mantenerse cerca del vínculo.

Este tipo de apego se desarrolla con la inconsistencia del vínculo. Cuando un cuidador responde algunas veces de forma disponible ante las necesidades de la criatura pero otras no está, hace que la criatura no sepa si su figura va a estar disponible en los momentos en que la necesite. También lo observamos en cuidadores absortos en sus propios problemas y que solo están atentos a sus hijos cuando estos los reclaman invadiendo «su espacio» a través del mal comportamiento o el llanto. En otras ocasiones, se da con cuidadores que no saben regularse e inducen su propia ansiedad a la criatura.

APEGO INSEGURO EVITATIVO: no siento un refugio al que volver

A la vuelta de su juego, no sentirá «necesidad» de interactuar, ni de buscar calor en los brazos de su madre. Se mostrará tranquila y calmada, sin ninguna necesidad de cuidado y calor. Muestra indiferencia ante la presencia de su madre, y puede incluso interactuar con la adulta que acaba de sentarse en el banco junto a su madre.

La niña entiende que su madre no responderá a sus necesidades emocionales, por lo que apaga el llanto que invita a la cercanía y al cuidado, y entiende que, de alguna manera, está sola y tiene que encargarse de sí misma.

Los padres de estas criaturas se caracterizan por no estar disponibles emocionalmente. Puede que sean proveedores, es decir, que abastezcan a sus hijos de las necesidades que demandan, pero no saben proporcionar una cercanía emocional y física en la que la criatura pueda sentirse recogida y sostenida. Puede que sean cuidadores que promueven la excesiva independencia de la criatura al hacer que aprenda que el consuelo y la calma no llega a través de las otras personas y, por ende, creando un fuerte sentido de autonomía e independencia, haciendo que la criatura se regule por sí misma y apague o se distancie de sus propias necesidades y emociones.

EL APEGO DESORGANIZADO: no tengo una base segura de la que salir, ni refugio al que volver a pedir calor. Siento miedo fuera y dentro del hogar

La niña duda en si volver o no a buscar a su madre porque se ha hecho daño al caer, pero sabe que cuando la vea con los pantalones sucios recibirá una bronca o un castigo desproporcionado. La búsqueda de consuelo se vuelve una amenaza, un lugar al que desearía ir para recibir calor, pero que, a su vez, le genera más caos y perturbación.

Estos niños se encuentran con que su fuente de seguridad también es su fuente de peligro, por lo que tienen una necesidad de acercarse a por consuelo y, al mismo tiempo, de alejarse para protegerse de la misma figura. Las figuras de apego, en vez de ser fuente de calma, inducen más actividad fisiológica en las criaturas impidiéndoles volver a la calma. Asimismo, tienen y provocan cambios emocionales repentinos sin ofrecer posterior reparación del vínculo.

Cuando son personas adultas, suelen estar hiperalertas frente al mundo. Tienden a vincularse a través de extremos de fusión, a establecer relaciones en las que no hay ningún tipo de límite. O, por el contrario, se protegen con grandes muros para evitar que nadie pueda acercarse a su mundo interior.

También encuentran una gran dificultad a la hora de experimentar su mundo interior, lo que hace que se sientan abrumadas o sobrepasadas. Es por ello por lo que pueden recurrir a conductas extremas para regularse y calmar su sistema, ya sea a través de la autolesión, drogas, sexo…

Somos imperfectas y eso está bien.

Quiero decirte que la mayoría de las figuras de cuidado se sintonizan con sus bebés de forma natural.

No olvides que estamos en «la vida real», donde nada es perfecto. Siempre habrá errores, fallos de comunicación y respuestas no tan buenas. Sin embargo, dentro de unos límites, es algo positivo para la criatura, ya que también le permitirá encontrar recursos para calmarse y aprender una lección muy valiosa: que en las relaciones habita el error, que se puede corregir y que existe la posibilidad de reparar tras la ruptura.

Recuerda que la figura de cuidado no solo tiene que sintonizar con la criatura, sino permitir que esa experiencia que está viviendo sea tolerable. Para devolver una experiencia y hacerla tolerable, primero tenemos que masticarla nosotras con nuestro cerebro adulto.

Si la figura de cuidado no sabe sintonizar y responder a las necesidades, será la criatura la que se adapte a ella.

Si con frecuencia no está disponible, la criatura silenciará sus necesidades y sensaciones internas para acomodarse a lo que la figura de cuidado necesita.

Si esta responde de manera ansiosa a la criatura, lejos de solucionar la necesidad y hacerla tolerable, le generará más estrés y la alejará de esa calma que la regule.

En algunas ocasiones la situación puede ser mucho más grave: que la persona, lejos de calmar, genere aún más caos en el sistema. Hablamos del maltrato físico, psicológico, abusos o negligencia extrema por parte de los cuidadores. En estos casos la criatura internalizará que sus necesidades no son correctas, no son importantes y, por lo tanto, que ella tampoco lo es.

Pese a la importancia de las primeras manos
que nos recogen, hay una necesidad enorme
de que esas mismas manos también tengan unas
manos que las sostengan. De forma indirecta
para la criatura, unos cuidadores sostenidos
por una «tribu», una «red» que aporta sostén,
cuidado, cariños, también colaborará
con la salud física, emocional y mental
del bebé. La sociedad se ha individualizado
mucho y parece que hoy en día recae todo
el peso sobre las madres y padres. Sin embargo,
es importante enfatizar la necesidad
de una RED en una crianza saludable.

SEGUNDA PARTE

UNA MIRADA AL PRESENTE

DE NIÑA BUENA A MUJER COMPLACIENTE

APEGO EN
LA EDAD ADULTA

La realidad es muy compleja y, según vamos creciendo, también lo hace nuestro entorno. Con el paso de los años encontramos otras formas de conocernos, vernos y vincularnos. Podemos tener la suerte de crecer en hogares seguros y consistentes, pero toparnos con personas y experiencias que no sean tan afortunadas. O, por el contrario, crecer en hogares no tan seguros y consistentes, pero tener la fortuna de encontrar personas y vivir experiencias que nos permitan crear algo de seguridad en nuestro interior.

A pesar de ello, es cierto que el primer hogar y los primeros vínculos marcan en gran medida las bases para salir al mundo y relacionarnos con él.

Hay una continuidad entre el apego infantil y el adulto, de ahí que los primeros aprendizajes que tenemos sobre nosotras mismas, las personas y el mundo vengan de nuestro primer hogar. Estos aprendizajes son como unas gafas a través de las cuales interpretamos el mundo y nuestra identidad, influyendo en nuestras expectativas sobre cómo esperamos ser tratadas.

Si una criatura experimenta un cuidado sensible, consistente, cariñoso… es probable que desarrolle unas gafas que le hagan mirar el mundo como un lugar seguro para explorar, podrá ver a las personas como seres con mundos internos propios, con sus propias gafas. Y a sí misma como a una persona digna de amor.

Por el contrario, si una criatura experimenta abandono, negligencia, abuso o incoherencia en sus primeras relaciones, es probable que desarrolle unas gafas que le hagan ver el mundo desde la inseguridad, ya sea de forma ansiosa, donde la persona esté constantemente inquieta por la posible pérdida de los vínculos, o de forma evitativa, donde haya un miedo a la intimidad, sintiendo que no está a salvo en las relaciones y que no puede confiar plenamente en los demás.

Sin embargo, en el proceso de hacerse mayor, la persona habrá conocido a más personas, se habrá relacionado con otros familiares, iguales, profesores... que hayan ido añadiendo matices a ese tipo de apego que hemos comentado anteriormente. Como resultado de las relaciones con las que el ser humano se va topando, es imposible que salga una persona con un tipo de apego específico como los que te he explicado anteriormente. La persona adulta se vinculará a través de un patrón complejo derivado de diferentes tipos de vínculos de apego en la infancia. Con todo, normalmente hay un tipo que sobresale sobre los demás. De ahí que, en la edad adulta, no hablemos de tipo de apego sino de estilos de apego.

Como ya he comentado en varias ocasiones, tener un estilo de apego u otro no hará que la vida te salve de los golpes. Sin embargo, la seguridad interna nos permitirá tener una actitud abierta hacia el mundo para lanzarnos a explorar, para poder recogernos, para regresar al refugio y poder contar con la conexión de los vínculos, lo que nos ayudará muchísimo en el proceso. Por otro lado, ver el mundo de una manera hace que nos relacionemos con este de dicha manera y, por supuesto, atraigamos esa realidad que tenemos instalada en nuestro interior.

Las gafas que nos ponemos en la infancia gracias a nuestras primeras interacciones con los demás y con el mundo son unos pilares sobre los que crece el resto de la casa, pero no es algo determinante. La casa puede transformarse en un hogar en el que nos sintamos confortables o, por el contrario, en el que nunca podamos descansar.

¡ATENCIÓN! Algo importante que me gustaría explicarte es que no eres un apego. Debido al uso tan frecuente de este concepto, hay quien lo utiliza para definirse, poniéndose la etiqueta para justificar su conducta en nombre de «su apego»: «soy un apego ansioso», «mi pareja es un evitativo».

El apego es un concepto dimensional, no categórico. Es una tendencia o forma de vincularte, no la etiqueta, mucho menos patológica, rígida e inamovible.

De hecho, puede que te relaciones de forma más segura con ciertas personas o ciertas situaciones y que lo hagas de forma más ansiosa con otras. Si, por ejemplo, tiendes a responder al mundo de forma más ansiosa, diremos que tienes un estilo ansioso, pero no ERES un apego ansioso. No te reduzcas a un término que simplifique tu complejidad.

Otro punto importante: que tengas un estilo de apego ansioso no te «condena» a que estés sometida a esa forma de vincularte. Se puede trabajar para viajar hacia la seguridad.

EJERCICIO 4. Un cuestionario para reconocerse

Antes de seguir con la lectura te voy a pedir que tomes aire y que respondas con sí o no a este cuestionario:

- ¿Te resulta difícil decir «no» cuando alguien te pide un favor o compromiso, incluso cuando estás ocupada o agotada?

  Sí   No

- ¿Sientes que tu ansiedad aumenta cuando crees que podrías decepcionar o desagradar a alguien?

  Sí   No

- ¿Te resulta difícil expresar tus opiniones y deseos, incluso cuando tienes puntos de vista diferentes?

  Sí   No

- ¿Has tenido dificultades para establecer límites claros en tus relaciones y, como resultado, te sientes explotada o sobrecomprometida?

  Sí   No

- ¿Sientes una fuerte necesidad de cumplir con las expectativas de los demás, especialmente de figuras de autoridad?

Sí   No

- ¿Te preocupa mucho desilusionar o enfadar a los demás si no sigues sus deseos o sugerencias?

Sí   No

- ¿Sientes una presión interna para ser «perfecta» y evitar cometer errores para mantener una imagen positiva?

Sí   No

- ¿Has notado que a menudo haces cosas que no quieres hacer solo para no decepcionar o para agradar a los demás?

Sí   No

Si te reconoces en la mayoría de las características anteriores, seguramente seas una persona que se ha relacionado con el mundo intentando ser la mejor versión de sí misma. Eso sí, una mejor versión enfocada a los demás. Una versión complaciente, que cumple con las expectativas del entorno, ya sea a través de dar, hacer o cuidar. Una versión constantemente pendiente de la valoración externa, que vela por agradar pese a tener que escoger en contra de sus deseos o necesidades.

LAS HERIDAS QUE SIGUEN SIN PEINAR

Érase una vez un nudo.

Cuando Nina 🧑 era niña, cogía el peine y, si conseguía pasarlo de raíz a punta: ¡genial!

El problema empezaba cuando entre medias se encontraba con uno de esos nudos grandes, liados e imposibles.

Quizá al principio intentaba estirar un poquito para ver si se deshacía... pero:

🫸 ¡Uf! Duele mucho.

Así que prefería dejarlo.

🤫 Si no lo toco, no dolerá.

😱 Cualquier adulta diría: ¡Mala idea, Nina! ¡¡¡Si no deshaces el nudo, cada vez se hará más grande y dolerá más!!!

Con nudos del pelo todo se ve muy fácil 😛, pero ¿qué hay de esos nudos emocionales que sigues sin deshacer?

Las heridas que no se han integrado en nuestra historia son como nudos en el pelo.

En tu día a día, vas peinando mechones sin nudos, mechones que no duelen... y todo OK.

Pero, de repente, aparece alguien en tu vida 😊, vuelves a encontrarte con una situación similar a la que en su día no supiste o pudiste afrontar o vuelves a encontrarte en un lugar que te recuerda aquella etapa que preferiste olvidar...

Sea lo que sea, el peine encuentra el nudo y:

¡¡¡Qué dolor!!!

Como aquella niña que no quería sufrir, utilizas mil y una estrategias (conscientes o inconscientes) para evitar tocar el nudo, porque sí: duele mucho.

Así que intentas forzar el peine para deshacerlo sin piedad. O bien lo disimulas haciéndote un moño, te convences a ti misma de que no existe, te pones pelo por encima... o cualquier otra cosa que se te ocurra.

Esa herida o ese nudo que se ha vuelto a despertar siempre ha estado allí. Pero ha tenido que llegar un peine para recordártelo.

Y mientras te empeñas en evitar ese dolor, ese nudo se va haciendo más y más grande.

No. Deshacer esos nudos no es fácil.

Requieren dedicación, tiempo y mucho cariño.

Pero vale la pena hacerlo.

Como explica el gran Gabor Maté, el trauma no es lo que pasa fuera, sino lo que sucede dentro de ti con eso que ha pasado ahí fuera.

Según cómo mi interior asimile ese impacto exterior que me ha golpeado, podremos determinar si se ha producido una herida por dentro o no. Dependerá del impacto, de su intensidad, de su frecuencia. También dependerá de los amortiguadores de nuestro interior, y de los que estén disponibles a nuestro alrededor.

Cuando digo que depende del impacto, me refiero a que no es lo mismo que sea por una catástrofe natural a que provenga de otro ser humano hacia una misma. Tampoco será lo mismo que ese impacto humano sea de alguien o hacia alguien que no conozco a que venga de nuestro propio hogar o hacia alguien a quien tenemos gran estima. Por supuesto, cuanta más intensidad y frecuencia tenga, más doloroso y difícil será de integrar.

Cuando te hablo de los amortiguadores internos, me refiero a la capacidad para asimilar el evento. Un cerebro infantil no tendrá la capacidad de digerir lo que está ocurriendo si no es a través de unos amortiguadores externos: unas figuras adultas que puedan aportar seguridad, cariño, calor ante ese impacto de la vida. El problema llega cuando la criatura no tiene desarrollado un sistema para poder afrontar la situación y no se encuentra en un entorno que le ayude a integrar lo que está pasando. De hecho, muchas veces es el propio cuidador quien está creando la herida.

No hay remedios mágicos que salven a nadie de los impactos que pueda traer la vida. Sin embargo, es un gran factor de protección haber dispuesto de figuras de apego consistentes y con sensibilidad que aportarán calma, apoyo y seguridad. De cara a un futuro, ayudará a la persona adulta a desarrollar amortiguadores interiores que le ayudarán a digerir mejor esos impactos que la vida lance contra ella. Por supuesto, tener una red de sostén como adultos también ayudará a asimilar mejor todo eso que pueda pasar.

Hay muchos cerebros adultos que no han podido crear esos amortiguadores en su interior porque no hubo unas figuras adultas emocionalmente sensibles a sus necesidades. Ya sea por una falta de acompañamiento, soporte, sensibilidad, apoyo o seguridad que permitiera al infante volver a la calma o integrar situaciones que su sistema inmaduro era incapaz de asimilar. Puede que, directamente, la figura que tenía que ser amortiguador fuera quien estaba generando la misma herida. En sí mismo, no tener a alguien que me vea y acompañe en ello es traumático.

De hecho, en psicología lo llamamos trauma de omisión y se refiere a eso que nunca llegó: unas palabras de calma, un abrazo, una mirada… Es una falta que genera mucho dolor en el interior, puesto que está muy relacionada con nuestra esencia humana de necesidad de protección, contacto, piel, cuidado y cariño. Eso causa una sensación de soledad profunda ante la adversidad y necesidad de ayuda. Veámoslo con un ejemplo.

Nina sigue sintiendo una gran activación emocional al recordar su infancia en el colegio. Cuando iba a la escuela, las niñas se metían con ella por su aspecto físico. Le pegaban chicle en el pelo, la insultaban en el patio y en la calle. La aislaban, la empujaban en los baños, le robaban... Cuando se lo contó a su madre, esta le dijo: «Algo habrás hecho tú para que se porten todas así contigo».

El *bullying* que recibía Nina por parte de sus compañeras de escuela podría clasificarse como trauma de acción. Sin embargo, el silencio, cuidado y protección que nunca llegó por parte de su madre es una falta de mirada que consideraríamos trauma de omisión. No es necesario ni mencionar el comentario de su madre, normalizando el ataque de sus compañeras y dejándola desprotegida, desprovista de cariño y protección. Eso, para cualquier niña, es un golpe muy duro que deja cicatriz.

Estos impactos que se quedan dentro de una sin curar y que siguen activando a la persona como si siguiera en aquella situación son lo que en psicología llamamos trauma y se caracterizan por dejar a la persona en un estado de estrés mantenido.

Así pues, el cuerpo se siente como si estuviera en la selva, en guardia constante por si aparece un animal salvaje para atacar.

HABLAR EN EL PRESENTE CON PALABRAS DEL PASADO

Para nuestra supervivencia es vital que la información que nos ha supuesto algún riesgo vital se quede bien grabada en nuestra memoria con el fin de poder sobrevivir en situaciones posteriores. El problema llega cuando esta información sigue activándose al mínimo contacto y el cerebro lo traduce como «un peligro».

Cuando los recuerdos se quedan almacenados en nuestro interior sin procesar correctamente, se codifican con las emociones, creencias y sensaciones físicas que se establecieron en el momento del acontecimiento. Cuando sucede algo en el presente, se conecta con esa red de memoria existente para ser entendido, haciéndonos, de alguna manera, revivir la situación, como si nos hubiéramos «teletransportado» al pasado. En consecuencia, las conductas, creencias, emociones y sensaciones corporales disfuncionales son manifestaciones de los recuerdos no procesados. En vez de «recordar» el evento para ayudarnos a actuar de una manera adecuada a la situación actual, se activan circuitos que nos hacen «reexperimentar» el momento pasado; de ahí que siempre diga que trauma es utilizar en el presente palabras del pasado. Volvamos al ejemplo de Nina.

Nina ha empezado a trabajar en una empresa de marketing donde casi todas sus compañeras son mujeres. Nina siente mucho dolor de estómago y ganas de vomitar cada mañana. En el trabajo intenta hacer el mínimo ruido posible, volverse invisible para interactuar lo menos posible con sus compañeras.

Es consciente de que han pasado veinte años de aquellos eventos en la escuela. Es consciente de que está en una empresa de marketing y de que sus compañeras no son aquellas niñas del colegio. Es consciente de que ella es mayor y de que tiene voz. Sin embargo, sigue sintiendo el mismo miedo de la niña que se veía forzada a ir al colegio a pasarlo mal, a recibir insultos y empujones de sus compañeras. Su cuerpo sigue atrapado en el pasado con el mismo dolor de tripita que tenía al caminar por los pasillos de su escuela. Conscientemente sabe que ya es una mujer adulta, sin embargo, al entrar en esa empresa, vuelve a sentirse pequeña, sin voz ni salida.

Como he comentado antes, hay nudos que se quedan atascados dentro de nosotras. Cuando el cuerpo, a través de la memoria, conecta un estímulo presente (persona, situación, gesto...) con aquello que le pasó y que se ha quedado bloqueado, hará que el cerebro interprete que está en peligro, por lo que nos alertará como si nos encontráramos de nuevo en la situación pasada.

Los disparadores que activan esta señal de peligro pueden ser externos (ruido de obra) o internos (pensar que tus compañeras de trabajo se van a reír de ti cuando presentes la exposición de pasado mañana). Ambas situaciones son evaluadas como peligrosas por tu cerebro y activarán de igual manera tu sistema para protegerte.

> Quiero señalar que los peligros que percibes
> no solo tienen que ver con aquellos
> que amenazan la integridad física,
> también están esos peligros
> que amenazan la integridad emocional.

En el caso de Nina, su cerebro asocia a sus compañeras de trabajo con sus excompañeras del colegio, lo que hace que vuelva a sentirse en peligro. Su sistema protector se despliega para protegerla de la humillación que sintió entonces.

Como animales que somos, las respuestas que te voy a presentar a continuación son necesarias para sobrevivir. Cualquier persona puede acceder a dichos mecanismos, ya que están ahí para protegernos. Sin embargo, en situación de estrés constante, el sistema se puede quedar atascado en estas respuestas de forma habitual, «en modo supervivencia» incluso cuando ya no tienen ningún sentido en el presente.

Cuando nuestro cuerpo evalúa el entorno como seguro diremos que es un estado que nos permite pensar o sentir acorde a la situación, concentrarnos en lo que estamos haciendo, reír, curiosear, sentirnos conectados con las personas que nos rodean…

Si ahora mismo oyes un ruido tremendo, seguramente notarás un golpecito en el corazón y te levantarás de la silla. Es porque tu sistema nervioso autónomo habrá activado el modo hiperactivación. Ese estado te llevará a la lucha o huida para preservar tu integridad física. En este caso, levantarte de la silla para salir corriendo sería una respuesta de huida.

Otro tipo de reacción ante el peligro sería la que se activa cuando la lucha y huida no son una opción para nuestro sistema, cuando el cuerpo evalúa la situación en la que estás como «sin salida»: congelación. Este sistema hace que «nos apaguemos», que nos desconectemos de la realidad y entremos en parálisis o distanciamiento de nuestro estado mental o cuerpo. En este caso nuestro sistema no quiere evitar el daño, sino minimizarlo. Nos encontramos casos en terapia en los que víctimas de algún suceso sienten culpabilidad por «no haber hecho nada ante su agresor». Quiero que sepas que en estas situaciones el sistema evalúa que no hay salida, por lo que la inacción se convierte en la mejor «acción».

Existe una respuesta más: la aduladora. Esta respuesta se desencadena cuando la persona intenta apaciguar la amenaza siendo agradable o dócil.

Las personas que siguen atascadas en el trauma aprenden a sobrevivir reaccionando al entorno o al dolor atascado en su propio interior con una o más de las respuestas anteriores.

Si nuestro sistema sigue atrapado en la respuesta aduladora, inconscientemente buscaremos «seguridad» ante cualquier tipo de amenaza complaciendo al resto de personas, sometiéndonos al otro, siendo dóciles e útiles, dejando de lado nuestros límites, necesidades, anhelos y deseos. Este tipo de respuesta tiene mucho que ver con un patrón complaciente que deja de lado sus necesidades y límites en favor de los demás como tarjeta de paso para formar parte de sus vidas. Centrándose en la otra persona, se protegen tanto de que el otro las vea como de verse a sí mismas.

EL DISFRAZ QUE TE PROTEGE

Ya hemos hablado de las heridas que pueden estar dentro de nosotras y de cómo nuestra biología trata de protegernos de los impactos exteriores. Cuando el cuerpo sigue atascado y siente ese impacto como algo presente o que puede suceder en cualquier momento, creamos más capas a nuestro alrededor para protegernos, y capa tras capa acabamos anclando en nosotras unas creencias, formas de hacer, formas de mostrarnos hacia el exterior. Seguro que a estas alturas ya sabes que te estoy hablando de un disfraz.

Los disfraces se adaptan para encajar en el entorno. Están cosidos con hilos que han asumido todo tipo de creencias que permiten a la persona amoldarse al lugar en el que necesita encajar o del que necesita protegerse.

A través de sus capas, ese disfraz intentará proteger el interior vulnerable de la persona para prevenir que algo toque la herida interior que sigue abierta. Una herida que se hizo por un impacto o por falta de conexión.

Cuando no nos sentimos aceptadas por ser, se crea una falta de seguridad hacia lo que «sencillamente» somos, por lo que necesitaremos desplegar conductas de control que «aseguren» más o menos el terreno, un terreno que me acepte o que esté calmo cuando estoy presente para asegurar nuestra integridad física y/o emocional.

Es así como, de forma inconsciente, adoptamos un lema que nos acompañará durante toda la vida: «Si no me quieres por lo que soy, al menos quiéreme por lo que hago».

LAS TEJEDORAS

Nina fue una niña que se sintió humillada por ser quien era. Ahora viste un disfraz humilde que no muestra, que no expresa, que pone buena cara ante todo el mundo para no llamar la atención ni sentirse atacada.

Dentro del disfraz está la tejedora, lo que en psicología llamamos protectores.

Esta tejedora es la que se encarga de hacer que Nina muestre humildad excesiva, prudencia y silencio. ¿Cómo lo hace? Primero, a través de la humillación. En su interior, esa voz que protege su sistema la minimiza, la cuestiona constantemente y hace que Nina nunca dé su opinión o se muestre tal y como es.

Quizá estés pensando: «¡Qué crueldad! ¿Cómo va esa parte a estar protegiendo a Nina si le dice esas cosas?».

Aunque pueda parecer rebuscado, el hecho de que haya una voz interna que la ridiculiza hace que calle. La protege de decir «eso» que quiere expresar y, por tanto, previene que lo haga otra persona. «Todo queda en casa».

En psicología consideramos que todas las partes protectoras de nuestro sistema están ahí para ayudarnos, aunque a veces parezca lo contrario y nos conduzcan por caminos que, lejos de hacernos la vida más fácil, nos la dificulten.

Esas partes protectoras que están dentro de nosotras constriñen de diferentes maneras con la finalidad de crear una protección entre el exterior y el interior para que ningún impacto se acerque al interior donde se encuentra la niña o adolescente que fuiste, aún herida, cargada con recuerdos, creencias, sensaciones y emociones dolorosas. Otras veces esas partes protectoras se despliegan para contener el dolor de nuestro interior, para que este no salga.

Las partes protectoras pueden ser controladoras, críticas internas, juzgadoras, perfeccionistas, procrastinadoras, partes complacientes, partes preocupadas, ansiosas, que nos desconectan… Partes que desplegarán los mecanismos necesarios para que todo el sistema se mantenga «a salvo».

Pese a que creas que, lejos de hacerte un favor, te conducen por un camino lleno de baches, ellas creen que hacen lo mejor por ti.

Bajo esa primera capa (el disfraz) y tras esas partes protectoras (las tejedoras) hay una niña que también sigue viviendo en el pasado. Una parte de ti que sigue sufriendo, que puede tener mucho miedo o sentir una profunda tristeza y soledad. Esa herida que tiene la niña que habita bajo el disfraz sigue sintiendo emociones dolorosas que se han quedado congeladas en ella.

Hay niñas bajo el disfraz de buenas que se sienten tristes, solas y abandonadas. Otras niñas que han sido traicionadas, humilladas. Otras que sienten una necesidad insaciable del cariño y el amor que no recibieron nunca. Otras se sienten en hiperalerta constante, como si en cualquier momento fueran a morir. Otras se sienten atrapadas y controladas, sin escapatoria. Otras impotentes y sometidas. Hay niñas bajo ese disfraz que siguen pensando que son responsables del cuidado de sus propios padres, que tienen que ser excelentes para ser valiosas. Hay niñas ahí debajo que le tienen mucho miedo al mundo exterior porque es ahí donde se hicieron daño.

LA NIÑA BUENA: LA COMPLACENCIA Y EL TRAUMA

Debido al trauma relacional, esa tendencia a complacer, a «ser buena», a estar disponible, a cuidar del otro dejando de lado tus necesidades, es una de las formas que tiene tu sistema para protegerte del dolor emocional, para mantenerte sumisa. Y así enmudeces, desconectas de tu voz, de tus necesidades, de tu poder, de tus elecciones, de tus anhelos y deseos.

Una persona complaciente:

- Pudo haber experimentado abuso emocional, físico o sexual. Como mecanismo de supervivencia, aprendió a desconectarse, silenciarse y someterse para evitar mayores consecuencias.
- Pudo vivir en un entorno familiar disfuncional donde sus necesidades no eran vistas o eran tapadas por cuidadores que «ocupaban mucho espacio». De modo que se invertirían los roles cuidador-cuidado y se convertiría en cuidadora, confidente o muleta emocional o instrumental de los padres.
- Pudo vivir en un entorno donde sus necesidades no eran vistas debido a dificultades familiares o sociales, así que tomó el camino de no generar ruido para facilitar la situación familiar y no sobrecargar a sus cuidadores con más problemas.

- Pudo vivir en un ambiente lleno de conflicto y volatilidad, así que optó por mantener la paz, responsabilizándose de sí misma y estando pendiente de las necesidades de los demás para avanzarse a las reacciones y mantener algo de calma.
- Pudo crecer en un entorno familiar exigente en el que se esperó que cumpliera con fuertes expectativas familiares, culturales o religiosas, y que esto la condujera a experimentar alta exigencia para estar a la altura de lo que se deseaba de ella.

Todo ese dolor que fue anidando en la niña que vivió experiencias en las que se invadieron sus límites, en las que no se sintió aceptada por ser quien era, en las que no se sintió vista ni acogida, se le fue marcando en forma de herida. Una herida que, si no se curó, puede seguir abierta muy dentro de nosotras.

Todas esas cosas que fue aprendiendo que eran aceptadas, valoradas o vistas, ya sea porque la alejaban del dolor o la acercaban a las personas, fueron formas de hacer que fue añadiendo a su repertorio de vida para funcionar en el mundo. Del mismo modo, fue rechazando aquellas que la acercaban al dolor.

Es así como una va creando alrededor de su herida diferentes capas que permiten proteger ese rinconcito de su interior que no debe ser tocado porque sigue doliendo mucho.

LAS CARACTERÍSTICAS DEL DISFRAZ DE LA NIÑA BUENA

- Dificultad para decir que «no».
- Falta de límites propios.

- Se disculpa y agradece constantemente.
- Siente que está siendo analizada y juzgada por cómo actúa.
- Necesidad de agradar a todo el mundo.
- Silencia las propias necesidades.
- Reprime su opinión o punto de vista.
- Hiperalerta ante las microexpresiones de los demás.
- Se responsabiliza de las reacciones o respuestas emocionales de los demás.
- Predice y evita hacer cosas que puedan molestar a otros.
- Pregunta siempre al otro para mantener la atención fuera y no sobre sí misma.
- Salva a las personas de sus propios conflictos internos y externos.
- Preocupación excesiva o atención hacia sus cuidadores.
- Idealización de la figura abusiva.
- Dolor corporal o enfermedad crónica.

Fíjate que muchas de estas estrategias son maneras de controlar y mantener de la forma «más predecible» posible los vínculos de los que formas parte. Sé consciente de cómo esa voz o sensación que suena en tu mundo interno, ese protector que teje el disfraz, puede estar teniendo mucho que ver:

- Haciéndote estar atenta, a mirar con lupa a cada expresión de las personas para ver cuál es tu siguiente forma de actuar.
- Presionándote a callar, porque «eso que vas a decir es irrelevante para esas personas».
- Haciéndote escoger caminos vitales determinados para complacer a la otra persona.

- Forzándote a ceder ante todos los planes y peticiones de ayuda porque si no «serás una egoísta y no te querrán».
- Haciéndote sentir dolor mandibular para reprimir un enfado que «no debes expresar».

Pese a que hablamos de un solo disfraz, será muy personal para cada una de nosotras. Bajo ese disfraz habrá partes protectoras que serán también muy diferentes dependiendo de nuestra historia y del dolor que estén cubriendo. Asimismo, bajo todas estas capas también habrá una niña o adolescente que se sienta sola, vulnerable o herida por aquello que le tocó vivir o por aquello que nunca vivió. Aquí te muestro diferentes tipos de disfraces de niñas buenas que se han ido tejiendo alrededor de estas mujeres.

EL DISFRAZ DE NIÑA BUENA

La mujer complaciente: el caso de Teté

Teté es una mujer que siempre sonríe, hasta cuando por dentro está mal. Siempre ha lucido un rostro alegre que invita a hablar con ella, que la hace lucir como buena gente, inocente y que da la bienvenida. Se siente ansiosa ante la idea de poder desagradar a alguien. Hace todo lo posible por que la miren con buenos ojos: asiste a lugares a los que no quiere ir, asume trabajo de sus compañeras, carga con responsabilidades que no le tocan...

Teté es la hija mediana de un matrimonio que emigró al extranjero. Su madre fue muy estricta con ella y sus hermanos desde bien pequeños, siempre les hizo sentir que eran «de fuera» y que tenían que estudiar y trabajar mucho si querían estar a la altura de aquel país. En el cole las niñas no se portaban bien con Teté por su color de pelo, pero su madre nunca alzó la voz por ella, justificando que algo habría hecho. Teté nunca sintió pertenencia ni rincón en ningún lugar, ni siquiera en casa. Así que para hacerse un hueco entre las personas de su entorno se ofreció a ser la que hacía las cosas, cargando siempre con más trabajo de lo normal para que sus compañeros «la miraran con buena cara», como si, de lo contrario, fuera una intrusa. Metía poco ruido «para no molestar», cabeza gacha y sonriente.

Tras esa fachada de buenismo y entrega, Teté reconocía una voz a la que llamó la «sobreanalizadora», una parte de ella que le hacía mirar con detalle y recelo a las personas, estar atenta a cualquier gesto o forma de hacer para ir sincronizando su forma de ser con ellas. Sentía como si en cualquier momento fueran a señalarla. Ante las advertencias de la sobreanalizadora, Teté intentaba ser lo más dulce y entregada que fuera posible con los demás, de esa manera, sentía que las sonrisas de vuelta ante sus actos dóciles y de servidumbre eran señal de «no me van a atacar».

La mujer prudente: el caso de Marta B.

Marta B. nunca se ha dado voz, teme el conflicto y hace lo posible para evitarlo, prefiere mantener la paz y evitar las confrontaciones. Durante su vida ha reprimido muchas veces su opinión o deseo con tal de no confrontar a la otra persona. Incluso ante las faltas de respeto.

Marta se crio en una familia rehecha en la que su padre tenía un hijo de otra mujer. Marta era la hermana pequeña y se vio constantemente atacada por su hermano, que se sintió abandonado tras el divorcio y que veía la atención de su padre como un favoritismo por ser pequeña. Ella, para no sentir rechazo, cedía a sus necesidades y se callaba ante cualquier crítica o humillación.

Ahora intenta no destacar para no llamar la atención, camuflarse y complacer para que no la ataquen o rechacen por ser «especial».

Tras esa fachada invisible y complaciente hay una parte protectora que Marta reconoció como la «miedosa». La parte miedosa le pedía a Marta que callara, que bajara la cabeza, que no destacara. La miedosa creía que no tenía suficiente coraje o valor para confrontar a las personas, mucho menos a su hermano.

La mujer excelente: el caso de Ana A.

Ana A. es una mujer exigente consigo misma, trabaja hasta las tantas dejándose la piel, incluso los fines de semana, sin darse tregua para descansar. Siempre se promete que «al acabar este proyecto» descansará. Pero, una vez acaba, hay otro en el que meterse, como si su vida fuera una carrera constante en la que lograr metas.

Ana se sintió tan profundamente sola y poco vista en su hogar que aprendió a obtener miradas y algo de reconocimiento siendo excelente en el colegio. Su padre se fue de casa cuando ella era pequeña y su madre se sentía demasiado dolida como para ocuparse de ella. Cada vez que obtenía buenas notas, sentía en sus abuelos y profesores alegría, reconocimiento. Se centró en seguir siendo excelente como una estrategia inconsciente para recibir a través de la mirada de los adultos algo de amor.

Ahora es esclava de un trabajo que, lejos de formar parte de su vida, se ha transformado en su vida. Se encuentra sumergida en seguir encontrando miradas entre jefes a los que poco importa, pero que, con cada halago, le siguen confirmando que al menos ahí es alguien.

Tras esa fachada de mujer trabajadora, halagada por su entorno por lo tenaz y responsable que es, Ana siente que no puede descansar, que tiene que machacarse para ser la mejor, para superar a las personas de su trabajo, pese a que, en el fondo, ella no quiere ocupar un puesto superior porque, donde está, está bien. Al trabajar en su sistema interno conoció a una parte a la que llamó «trabajadora compulsiva». Su función era enfocar a Ana en ser alguien visible, para que así no conectara con una parte vulnerable que había un poquito más por debajo. La trabajadora compulsiva pensaba que si Ana tomaba contacto con esa parte, se derrumbaría y dejaría de ser funcional.

La mujer cuidadora: el caso de Inés

Inés es una mujer que se siente atrapada en su vida. Tiene ganas de viajar y explorar el mundo, sin embargo, no se atreve, «¿adónde iría?». Siente gran culpabilidad por irse, pues hacerlo supone dejar a su madre, y le da miedo por si le pasara algo. Siempre ha estado con ella y dar un paso diferente le hace sentir que la abandona.

Era la mayor de cuatro hermanos. Vivió un divorcio en el que sus padres los utilizaron como moneda de cambio. El dolor mal gestionado por parte de sus padres hizo que dejaran de enfocar la mirada en sus hijos para centrarse en sus propias heridas y rabia. Recriminaban a sus hijos los acercamientos hacia el otro progenitor, lo que les obligaba constantemente a escoger entre uno u otro. Era tal el posicionamiento que en ocasiones llegaban a enfrentarse entre los hijos para defender a mamá o papá. Ambos se colocaron como víctimas en una batalla donde las fracturas reales las estaban viviendo sus hijos.

La madre de Inés se refugió en su hija mayor, la convirtió en su confidente y compañera. Inés la sostuvo y cuidó como si «por sí misma», pese a ser la adulta, no pudiera hacerlo.

En la actualidad, Inés sigue ocupando la posición de muleta emocional y ha dejado de lado sus sueños y anhelos por miedo a dejarla sola. Algo dentro de ella siente que tiene que seguir velando por su madre y cuidarla.

Tras esa fachada de mujer cuidadora que estaba constantemente preocupada por su madre, había una parte con mucho miedo. Inés la llamaba la «preocupada», siempre la hacía llamar, estar pendiente de cómo se sentía, de qué necesitaba. La veía sola y desvalida. Al tomar contacto con esta parte se dio cuenta de que estaba muy asustada porque le pudiera pasar algo a su madre, como si en cualquier momento pudiera morir. Eso la conectaba con el miedo a quedarse completamente sola. Esa soledad era la que sentía la niña que estaba debajo de todas esas capas, de nuevo, experimentando el no sentirse vista ni siquiera por la propia Inés.

La mujer sin límites: el caso de Marina

Marina es una mujer que anhela tener una relación de pareja, pero se topa una y otra vez con personas que le hacen sentir pequeña y menospreciada. Marina ha ido ligando relaciones en las que se deja de lado por adaptarse al otro, en las que se olvida por completo de ella misma para satisfacer lo que cree que el otro busca en ella. Siente que es la mujer por la que todos pasan, pero con la que nadie se queda.

A Marina ya le expresaron desde bien pequeña que había sido un «penalti», una hija no deseada. Su madre la despreciaba y la comparaba constantemente con las hijas de sus amigas, algo que le hacía sentir poco importante e incluso decepcionante. Marina hacía todo lo posible para que su madre alguna vez se fijara en ella, pero todo ese esfuerzo no parecía ser nunca suficiente. Ella acabó entendiendo que, por ser quien era, nunca iba a ser suficiente.

Ahora Marina es una mujer que sigue esforzándose para que alguien se quede a su lado. Sin embargo, su herida la sigue llevando a lugares donde no saben verla.

Marina sintió en su interior una parte a la que llamó la «pared». Esa pared le impedía ver cómo se sentía tras las faltas de respeto, la forzaba a mirar hacia fuera para seguir pendiente de lo que quería o necesitaba el otro con tal de mantenerse a su lado, era una necesidad seguir vinculada y mantener a esa persona a su lado. Tras esa pared había mucha rabia, además de una niña que sentía que ni valía la pena ni era suficientemente valiosa para que la miraran.

Tras leer estos ejemplos quizá sientes que alguna de estas protagonistas se parece a ti, ya sea porque compartís características de vuestro presente o porque tienen una historia similar a la tuya. Todas esas mujeres están cubiertas por un disfraz que se expresa de diferentes maneras. Pero con esos rasgos en común, en los que hay una necesidad de no molestar demasiado y, por ende, una dificultad para pedir ayuda. Mujeres que dejan de lado sus necesidades para saciar las de su entorno. Excesivamente pendientes de lo que piensen los demás, sensibles a la crítica y dependientes de la valoración externa. Mujeres con mucha dificultad para establecer límites consigo mismas y con su entorno, que reprimirán el enfado y no expresarán desacuerdo para no verse expuestas al conflicto. Mujeres con partes protectoras en las que la búsqueda de «cumplir con su papel» será la moneda de cambio para sentirse queridas. Mujeres que, a raíz de todo lo anterior, tendrán gran dificultad a la hora de tomar decisiones propias y, por lo tanto, buscarán fuera el indicador de su rumbo vital, con gran dificultad para entenderse, saber qué quieren y qué necesitan.

* * *

«Haz así la masa, hija».

Y Aria 🧑 hacía caso.

En casa tenían tan claro cómo debían hacerse las croquetas que nunca nadie había cuestionado 🍽.

Esa receta era herencia de la abuela de su abuela.

Así que ¿quién era ella para cambiarla?

Cuando Aria se equivocaba en la cantidad de harina:

«¡Anda, tira, ya lo hago yo!».

Cuando Aria experimentaba:

«¡No tienes ni idea! ¿Cómo vas a hacer eso?».

Aria 👩 aprendió que las croquetas tenían que hacerse como su tatarabuela dictaminó. Cuando creció sintió rechazo hacia quienes las hacían de otra manera.

Pero, con el tiempo, Aria empezó a descubrir restaurantes que preparaban croquetas que, ¡vaya!, olían bastante bien...

☼ Un día, tras atreverse a probarlas...

👩 «¡Jo! ¡Qué ricas están!».

Y sí, llegó la culpabilidad por sentir que, al gustarle aquellas croquetas, al ir a aquellos restaurantes, fallaba a su madre, a su abuela... a su hogar 🏡.

En el fondo no hablo de croquetas: hablo de todas esas creencias, normas, valores, juicios y actitudes que jamás has cuestionado en tu vida.

«Recetas» arraigadas en tu hogar que han limitado tu forma de ser, recortado tu esencia.

Recetas que te han guiado en tu forma de ser, de expandirte, de ver, de relacionarte con el mundo, con tus vínculos, con el dinero, en tu trabajo...

Una receta que seguiste entonces 👩 para sentir que formabas parte de ese hogar en el que las croquetas SOLO se preparaban de UNA manera.

Hoy tienes derecho a cuestionar la receta, romperla, modificarla o quedarte con ella. Descubrirte fuera de esos límites no es una traición hacia el sistema, sino un acto de amor hacia ti misma.

Desde que somos pequeñas absorbemos información sobre cómo es el mundo, cómo son las personas, cómo tenemos que portarnos, qué es lo que gusta de nosotras, qué no. Por qué seremos aceptadas y por qué podemos ser rechazadas. Como somos niñas y no tenemos madurez, ni contraste suficiente, nos lo creemos todo, sin filtrar.

Muchas de esas creencias que nos llegan a través de nuestros cuidadores sobre cómo es el mundo, cómo son las personas y cómo somos nosotras vienen sesgadas por sus vivencias, sus gafas y su contexto familiar, histórico y cultural. Seguramente absorbieron toda esa información, como tú y como yo, sin cuestionarlas.

Naturalizamos tanto esas ideas sobre nosotras, el mundo y las personas, que en ningún momento pensamos que «eso» que siempre ha sido así, quizá «no lo sea». Las tenemos tan pegadas en la piel que ni siquiera nos damos cuenta de que no forman parte de nosotras y de que son creencias que se han ido desplazando de generación en generación, como la receta de croquetas de la abuela.

Esas creencias incuestionables y necesariamente cuestionables, también moldean el traje que nos ponemos. A continuación, te pondré un ejemplo de algunas de estas creencias que puedes tener grabadas en tu disco duro.

Algunas de estas creencias pudieron ser frases que te repitieron constantemente sobre cómo eras o cómo no debías ser. Otras, puede que fueran frases que oyeras decir en casa una y otra vez aunque no fueran directamente hacia ti, o bien, formas de hacer que normalizaste y guardaste por dentro.

Estas son frases que puedes haber escuchado durante toda tu vida y que, de algún modo, han ido calando dentro de ti y construyendo una idea sobre el mundo y las personas:

- «Lo más importante es el trabajo».
- «El mundo es hostil».
- «Las personas son peligrosas».
- «Los hombres solo van a lo que van».
- «Las mujeres son muy envidiosas».
- «Tu madre es una mentirosa».
- «Si quieres ser alguien, gánate bien la vida».
- «Si no eres excelente en el colegio, nunca lograrás nada».
- «Los niñas malas van al infierno».

Y estas frases que han moldeado nuestra forma de relacionarnos con nosotras y con los demás:

- «No seas egoísta o nadie te va a querer».
- «Lo que te duele a ti a mí me duele más».
- «No hables tanto que cansas a cualquiera».
- «¿Me vas a dejar sola?».
- «Cállate, que no tienes ni idea de lo que dices».
- «Sé discreta o generarás rechazo».
- «Llorar es de débiles».

- «Enfadada estás insoportable».
- «¡No puedo contigo!».

Muchas de ellas tienen que ver, como te he dicho, con la idea de cómo tenemos que ser para funcionar «correctamente» en el lugar en el que estamos. Sin embargo, no nos planteamos en ningún momento que quizá es el lugar en el que estamos el que no «funciona». O sí, funciona, pero no de forma saludable.

Para que entiendas un poquito más esa receta familiar que está escrita en tu disco duro y que nunca te has cuestionado o atrevido a cambiar, te propongo el siguiente ejercicio.

EJERCICIO 5. El disco duro

Adopta una postura cómoda y coge un bolígrafo. Te voy a pedir que, con la imaginación, sitúes a la persona que te pediré frente a ti. Tras imaginarla un momento, te pediré que bajes la mirada a la hoja y escribas lo que surja de las preguntas que voy a hacerte.

Las personas que te propongo elegir son los cuidadores principales 1 y 2 que escogiste en ejercicios previos: las personas que te cuidaron o fueron responsables de ti en tu primera infancia.

CUIDADOR 1: madre

Mírala un momento y piensa que la persona que tienes frente a ti no está en el año presente. Es la madre, el padre, el cuidador o la cuidadora de cuando eras pequeña. Quizá te sorprenda ver lo joven que está, quizá tengáis la misma edad, quizá ahora seas mayor que ella. Conecta con esa sensación que surge dentro de ti al verla. Visualiza cómo va vestida, mira su piel, su expresión, sus ojos. Observa cómo te mira y cómo la ves ahí, de pie en este mundo.

Mientras observas a esa persona años atrás, te formularé unas preguntas. Deja que vayan saliendo las frases o palabras sin poner barrera.

• ¿Cómo ve el mundo?

....

....

• ¿Cómo se ve a sí misma?

....

....

- ¿Qué son las personas?

_____

_____

_____

- ¿Qué son las mujeres?

_____

_____

- ¿Qué son los hombres?

_____

_____

- ¿Qué es el amor?

_____

_____

_____

- ¿Qué es la familia?

_____

_____

_____

- ¿Qué son los hijos?

_____

_____

_____

- ¿Qué eres tú?

_____

_____

Una vez hayas respondido, levántate y mueve el cuerpo. Puedes estirarte, desperezarte, dar algunos brincos, intentar tocar con tus manos los dedos de tus pies... Tómate un momento para hacerlo.

CUIDADOR 2: padre

Míralo un momento y piensa que la persona que tienes ahí delante no está en el año presente. Es el padre, el cuidador o la cuidadora de cuando eras pequeña. Quizá te sorprenda ver lo joven que es. Visualiza cómo va vestido, mira su piel, su expresión, sus ojos. Observa cómo te mira y cómo lo ves ahí, de pie frente a ti.

Mientras observas a ese hombre años atrás, te formularé unas preguntas. Deja que vayan saliendo las palabras o frases sin poner barrera. Nada de lo que salga es incorrecto ni está mal.

• ¿Cómo ve el mundo?

_____

_____

• ¿Cómo se ve a sí mismo?

_____

_____

• ¿Qué son las personas?

_____

_____

_____

• ¿Qué son las mujeres?

_____

_____

• ¿Qué son los hombres?

_____

_____

• ¿Qué es el amor?

_____

_____

_____

• ¿Qué es la familia?

_____

_____

_____

• ¿Qué son los hijos?

_____

_____

_____

• ¿Qué eres tú?

_____

_____

_____

_____

¿Cómo te sientes tras realizar el ejercicio?

Aquí te dejo un espacio de reflexión para que puedas expresar cómo te has sentido haciendo el ejercicio. Si hay algo que te ha sorprendido, algo que quieras resaltar, siéntete libre de expresarlo.

Fíjate cómo muchas de esas creencias las has cogido y hecho tuyas sin siquiera plantearte si te hacen bien: amor, familia, cómo te relacionas con las mujeres de tu vida, con los hombres, con tus parejas... Cómo muchas de esas creencias, en el fondo, tienen una voz conocida. Cómo, por muy cercanos o lejanos, queridos o rechazados que sean esos vínculos actualmente para nosotras, es prácticamente imposible seguir siendo folios en blanco cuando estamos en contacto con otras personas.

Puede que hayas encontrado frases que siempre has rechazado de tus primeros vínculos y que hayas tratado de desplazarlas hacia el polo opuesto en un intento por separarte de dichos cuidadores o de la idea en sí. Puede que, por el contrario, haya creencias que has convertido en dogmas inconscientes que te guían por la vida, sin revisar siquiera si te hacen bien.

Muchas de estas creencias, que no son nuestras, están alimentadas por historias individuales de cada cuidador: las heridas de una madre que sintió que no pudo confiar en los hombres, las heridas de un padre que tuvo que ganarse la vida desde muy temprano, las heridas de unos abuelos que pasaron mucha hambre... Pero hay un importante componente social, cultural y religioso: unas ideas que pueden estar muy manchadas por lo que es el bien y el mal, juicios, estereotipos, por cómo debe ser la mujer y el hombre. Por las heridas de una sociedad que cada vez está más individualizada, en la que impactan mucha violencia, segregación, creencias arraigadas. Estas creencias pueden haber construido corazas con ideas muy fuertes sobre cómo funcionas tú y el mundo, además de haber supuesto impactos en tus partes vulnerables que han hecho que se rezaguen más en tu interior.

Puede que también haya surgido algo de compasión al ver a esas personas frente a ti: personas imperfectas, que se pudieron equivocar, que tuvieron su infancia, sus enseñanzas, su recorrido, sus dificultades, sus propias heridas.

CUANDO EL DISFRAZ APRIETA

El disfraz, como ya hemos dicho, se tejió hace mucho tiempo para protegerte. Atascado en ese miedo a que puedan volver a abandonarte, traicionar, criticar, rechazar o abusar de ti. Ese miedo impide ver a tu mundo interior que ya no eres una niña, que ahora eres una mujer con recursos, herramientas, fortalezas y muchas metas cruzadas.

Su función será velar por ti como si aún fueras una criatura desvalida. El problema es que utilizará recursos que antes fueron muy útiles, pero que ahora empiezan a quedarse cortos en los nuevos retos que te va poniendo la vida.

Así como el huevo se le queda pequeño a un pollito que sigue creciendo dentro de él, el disfraz que te pones con siete años te aprieta cada vez más y, a medida que creces, resulta cada vez más incómodo. Incluso puede que se rompan algunas costuras. Eso es señal de que se ha quedado pequeño, de que ya no puedes seguir moviéndote por la vida con las mismas estrategias y formas de hacer que entonces te ayudaron.

El problema de ese disfraz no es que esté ahí, sino que nunca lo hemos retirado para desinfectar la herida. Un sistema atrapado en el pasado se dirigirá por caminos conocidos que, pese a hacerle daño, le serán familiares. Un sistema atrapado utilizará en el presente las mismas palabras del pasado haciendo que, sin darnos cuenta, reproduzcamos las mismas historias que nos vuelvan a confirmar que el mundo sigue siendo el mismo y que nosotras también.

Esas partes protectoras no dejarán de ejercer su función hasta que la mirada adulta de la persona se adentre a explorar su interior y aporte consuelo, seguridad y espacio para liberar a la niña del peso del dolor que sigue cargando. En ese proceso tan sanador, descargamos al disfraz del papel rígido que tomó para protegerla y protegerte.

EL BIEN Y EL MAL

No me gusta hablar de «bueno o malo», puesto que nos limita ampliamente y no nos deja entender los matices del ser humano. Sin embargo, el nombre de «niña buena» me parece correcto para ver la jaula en la que una misma se encierra.

El problema a la hora de referirnos a las personas como «buenas» o «malas» es que se está haciendo una clasificación dicotómica en la que no existen intermedios, sino polaridades: todo o nada, blanco o negro, los que se comportan correctamente y los que no. Sin gradación no hay espacio para los grises, por lo que, al clasificarlas así, las encasillamos en extremos. Uno de los extremos se convierte en algo idealizado a lo que siempre aspirar, mientras que todo lo que salga de esos comportamientos que te clasifican como «niña buena» te conduce al polo opuesto, el de las niñas malas. El lugar en el que «no se debe estar».

Ese pensamiento polarizado puede llevarnos a idealizar o demonizar a las personas y a ser muy poco flexibles con nosotras mismas. Si encasillamos a alguien como «bueno» con las características que pensamos que pertenecen a las «personas buenas», cuando haga algo que «no es bueno» –como humano que es– le enviaremos al polo opuesto o nos negaremos a ver la realidad, con lo que solo nos contaremos medias verdades sobre la persona que tenemos delante. En ninguno de los dos casos permitimos ser a la persona un ser terrenal, sino que le alzamos al mismo cielo como una divinidad o le condenamos al mismísimo infierno junto al diablo.

Lo mismo pasa con nosotras. Pensar de forma polarizada no nos permitirá ser flexibles, nos quedaremos atrapadas intentando seguir el ideal de buena que tenemos en la cabeza. Dicho ideal consistirá muchas veces en favorecer a los demás y olvidarnos de nosotras mismas. Cuando tengamos una necesidad que consideramos «mala», pero que no hace ningún mal a nadie, la rechazaremos. Nos rechazaremos. O, por ejemplo, nos negaremos a ver partes de nosotras que sí hicieron daño a otras personas. Todo ello porque nos da miedo ver esos claroscuros que nos forman.

Es cierto que la polarización permite simplificar el mundo para entenderlo mejor. Sin embargo, puede limitar mucho a las personas encasilladas en unas ideas que no les permiten ver más allá.

Quiero decirte que hasta en los cuadros más claros hay oscuridad. Y viceversa. Sin contrastes no hay obras de arte.

Es una pena que nos neguemos a ver esos matices en la vida.

EJERCICIO 6. Las polaridades

Escribe qué características posee una niña buena y una niña mala en tu imaginario.

Niña buena	Niña mala

- ¿Qué características sientes que tenías?

....

....

....

- ¿Hay alguna característica de esas que has escogido que te genere rechazo?

....

....

....

- Piensa en un niño o en una niña a los que tengas cariño y que formen actualmente parte o que hayas conocido a lo largo de tu vida. ¿Qué características de la lista dirías que tiene?

....

....

....

Quiero que te fijes en si esas características que has «escogido» para la niña buena son características propias de una niña o si son características que a ti, como adulta, te va bien que tenga una niña. Lo mismo con las características de niña mala. Dime si son características que, objetivamente, vienen en la naturaleza de una niña que está aprendiendo a relacionarse con el mundo o características que consideras incómodas como persona adulta.

En consulta, este pensamiento dicotómico es algo que tenemos que trabajar en profundidad con las personas que acompañamos. Tanto las que se han considerado siempre «niñas malas» como las que se niegan a dejar atrás el papel de «niñas buenas».

REFORZAR EL BUENISMO

Las personas con perfil complaciente han sido castigadas o anuladas cada vez que «metían ruido», expresaban sus emociones o no se comportaban como era de esperar por los adultos. Quizá con gestos o sobrerreacciones por parte de sus cuidadores, de enfado o distancia. O con frases como las que te he expresado antes: «Te pones muy fea cuando te enfadas», «Qué pesada», «Las niñas buenas no se portan así», «Estás insoportable cuando...» que se fueron quedando grabadas por dentro.

En situaciones en las que las criaturas experimentan negligencia, violencia, abuso, abandono físico o emocional, también encontramos seres que despliegan recursos que les ayudan a sobrellevar, compensar, enfrentar –de la mejor manera posible– la situación en la que se encuentran y de la que no pueden escapar. En esos recursos también podemos ver ese buenismo y complacencia que, de alguna manera, ayuda a proteger a la criatura en el ambiente en el que se encuentra. Son historias potencialmente traumáticas por la vulnerabilidad física y emocional a la que se expone la criatura en una etapa en la que no dispone de recursos para enfrentar dicha situación.

Ese buenismo y tendencia a no molestar, a no hacer ruido, es cómoda y agradecida por unos adultos que tienen cargas u otras preocupaciones que hacen más ruido.

Si siempre sonrío y complazco y los amigos de papá me dicen que «qué gusto tener una niña así en casa», obviamente tomaré esa información como una medalla hacia mi comportamiento que reforzará mi siguiente movimiento.

Estas formas de ser y hacer se pudieron poner como modelo a seguir hacia tus iguales y refuerzan de nuevo el comportamiento. También es posible que te compararan contigo misma en momentos en los que sí estabas siendo lo que se esperaba de ti.

¡Ojo! porque las historias son muy complejas. Hay muchas mujeres con ese disfraz de niñas buenas que quizá nunca fueron alabadas por su bien hacer, simplemente se daba por sentado, se las invisibilizaba o eran comparadas con otras personas que se veían en la familia como «modelo a seguir».

Si te compararon constantemente en casa y eras la que salía perdiendo, es posible que hoy en día estés librando una lucha inconsciente en busca de tu valor. Puede que en tu infancia hubiera una figura de adoración o un ejemplo a seguir. Si fuiste criticada, comparada respecto a esa figura, puede que llegaras a creer que solo la luz de la otra era válida, lo que te llevó a rechazar la tuya propia. En este contexto, puede que solo te sintieras vista si te parecías o acercabas de alguna manera a esa luz y emprendieras un camino que te asemejara a ella o, por el contrario, eligieras un camino totalmente opuesto.

Si te compararon y eras la que salía ganando, es posible que hoy en día estés librando una lucha inconsciente por mantener tu valor, que sigas buscando el eterno reconocimiento a ojos de un jefe, un padre, una pareja, una amistad… incluso del panadero. Si fuiste figura de adoración o ejemplo a seguir, te sentiste valorada por cumplir con lo que querían que fueras. Sin embargo, sé consciente de que, cuando eres ejemplo a seguir, están alabando una forma de ser o hacer en la que quizá te has quedado atascada. Tu valor se vuelve condicional:

- Eres valiosa porque sacas buenas notas.
- Eres valiosa porque no rechistas.
- Eres valiosa porque cuidas de mamá.
- Eres valiosa porque eres complaciente con papá.
- Eres valiosa porque nunca dices que no.

Se crea una dependencia que vincula tu valor a través de cumplir con tu papel ejemplar.

Una niña siempre se culpará a sí misma de esa mirada que le faltó.

En su interior se responsabilizará de ese cariño que no llegó, de aquel dolor que se le causó. Justificará esa falta de miradas con la idea de que no fue suficientemente buena para merecer una. Incluso justificará el dolor físico o emocional que le infligieron, con la idea de que lo merecía.

El dolor que se queda encerrado dentro de nosotras no desaparece, presiona hacia fuera para expresarse. Y, en paralelo, las capas que hemos construido a su alrededor presionarán hacia dentro para mantenerlo cautivo ahí y que «todo» siga funcionando como siempre, en un intento de aferrarse a esa «seguridad» conocida.

Sin embargo, en ese conflicto interno de lo que quiere salir y de lo que se intenta retener dentro, una acaba pagando el precio de desconectarse de una misma o enfermar.

En el siguiente capitulo vamos a emprender el camino para recuperar tu poder.

TERCERA PARTE

UNA MIRADA AL FUTURO
DE MUJER COMPLACIENTE A MUJER SEGURA

EL CUERPO ABANDONADO

Como hemos ido viendo a lo largo de estas páginas, el disfraz de la niña buena está formado por capas que se han creado alrededor de una herida. La herida de una niña o adolescente que no se sintió vista e hizo lo posible por ocupar un pequeño espacio en el cual sentir algo de seguridad. Todo ello hace que no se sienta capaz de pisar con fuerza, pues, por dentro, esa herida sigue vinculada a la creencia de que el simple hecho de existir no es suficiente. La persona que habita ese disfraz, muy en el fondo, necesita dar y hacer para sentir que es bienvenida en el lugar en el que está, como si se le denegara el permiso a formar parte de la vida de las otras personas en el momento en que deje de ejercer su papel. Como puedes imaginar, eso solo hace que te centres en lo que pasa en el exterior y te desplaces fuera de la ecuación de tu propia vida.

Debes de estar preguntándote: ¿y ahora qué?, ¿cómo me lo quito? En primer lugar: ¡no hay nada que quitar! Recuerda que todo eso que llevas encima ha cumplido una función muy importante en tu vida y cada parte de ti merece ser honrada y respetada por lo que ha hecho para protegerte.

Las capas protectoras están ahí para hacerse cargo de la herida como buenamente pueden. No se relajarán hasta que sepan que hay una adulta dispuesta a escuchar el dolor de esa niña que sigue sufriendo y que sabrá acompañarla a descargar el dolor que sigue dentro.

Si queremos ofrecerle a nuestro sistema la opción de abrirse para que la niña salga de la cueva en la que está oculta, y de la cual teme salir, tenemos que crear un espacio seguro para que lo haga, y para eso es muy importante conectar con nuestro cuerpo.

Es curioso ver lo tremendamente desconectadas que estamos de nuestra experiencia corporal. Cómo nos resulta más fácil conectar con las necesidades y emociones de los demás que con las nuestras.

Meternos en la vida de otros, despistarnos con problemas banales, que todo nos parezca urgente e importante, correr a todos lados sin rumbo, desconectar durante horas delante de alguna red social, invertir más tiempo del necesario en el trabajo… todo eso es más fácil que conectar con nuestro mundo interior. Cuesta menos, eso está claro.

Cuando empiezan a acumularse demasiadas cajas en ese armario donde apartamos todo lo que no queremos tocar, empieza el ruido. Ese ruido molesta, pero quizá no es suficiente para movilizarte de verdad. Porque decides seguir igual y aplicar alguna estrategia cortoplacista que te calme: un poco de comida para ese revoltijo que sientes en el estómago, un cigarrillo para calmar el pecho, una serie que te ayude a desconectar de la rumia o quedar con Laura, que, en cuanto te explique sus problemas, te hará olvidar los tuyos.

A corto plazo, son estrategias magníficas para apagar la señal. A largo plazo, es una forma de decirle al cuerpo que la información que te trae no es importante o relevante porque todo eso que decides atender y poner por delante es crucial para ti. Por lo que esas señales, lejos de evaporarse, se irán abriendo paso tal y como puedan con la esperanza de que, algún día, les hagas caso. Puede que en algún punto suenen tan alto que te hagan parar contra tu voluntad.

> Escuchar esas señales puede asustar mucho.
> Sobre todo cuando el cuerpo necesita
> hacer más ruido para avisarnos de que no
> nos estamos encargando de nosotras mismas.

Es frecuente encontrar que los perfiles de personas con disfraces de niñas buenas vienen de historias en las que otros miembros del hogar eclipsaron sus necesidades, principalmente los cuidadores. Eso generaba que no encontraran un lugar donde poder sentirse sostenidas ante las propias dificultades o necesidades emocionales. De esta manera, la niña aprende que sus necesidades no son importantes, y silencia los mensajes de su cuerpo para que no supongan una interferencia en el vínculo: centra su mirada en lo que necesitan sus progenitores.

Si tus ojos siempre han estado pendientes de mirar al otro, puede que se hayan olvidado de que también existes, de que también importas:

- «Mamá quiere que la acompañe a un lugar, pero a mí no me apetece y mamá se pone triste. Para complacer a mamá, necesitaré anular mi necesidad y seguir su deseo».

- «Si papá se pone como una furia cuando lloro, para evitar el caos en casa o recibir un castigo desproporcionado, me tragaré mi enfado y tristeza».

Es así como aprendiste a relacionarte con el mundo: te convertiste en lo que les iba bien que fueras. Silenciaste tus necesidades para escuchar las peticiones de fuera y, así, no hacer incompatibles tus necesidades con los deseos y expectativas que los demás ponían en ti. Si no siento a mi cuerpo, tampoco tengo que hacerle caso ante esto que me está diciendo.

Cuando esto se repite de forma constante y en diferentes situaciones de la vida, una va dejándose de lado. Cuando apagamos una y otra vez las alarmas que nos indican que «no nos apetece ir con mamá» o que «algo nos ha hecho daño», al final ni siquiera las reconocemos o les prestamos atención cuando suenan.

El foco está más puesto en la preocupación hacia el vínculo que en la atención hacia una misma. Esa preocupación se acaba extendiendo a las relaciones con las que te vayas cruzando en tu vida.

Las emociones se expresan a través de las sensaciones físicas. Para que puedas experimentar cuán vivo está tu cuerpo, me gustaría que hiciéramos un ejercicio juntas que aprendí de mi compañera Nuria basado en Focusing. Para ello simplemente te voy a pedir que cojas colores y un bolígrafo.

EJERCICIO 7. Conecta con tus emociones y sensaciones corporales

Para este ejercicio te recomiendo que cojas colores y una hoja en blanco. Dibuja dos figuras humanas. Te voy a pedir que tomes una postura corporal con la que te sientas cómoda. Vamos a realizar cinco respiraciones.

Nota cómo te entra el aire por las fosas nasales mientras lees esto. Nota como la entrada de aire va descendiendo hasta la parte inferior de tus pulmones. Cuando te notes llena, retén dentro. Cuenta 1... 2... 3... y ve soltando el aire lentamente por la boca, alargando la exhalación y notando cómo tu cuerpo desciende a medida que sale el aire. Mantente ahí, sin aire 1... 2... 3... Vuelve a leer este párrafo cuatro veces más.

Ahora que estás un poco más conectada a tu cuerpo, te voy a pedir que imagines delante de ti una persona con la que actualmente sientas que hay un conflicto. Mira a esa persona, nota su postura corporal, hacia dónde mira, cómo mira. Obsérvate, ¿qué sensaciones genera dentro de ti?, ¿dónde las sientes?, ¿cómo las sientes?, ¿tu cuerpo se mueve de alguna manera al mirarla?

Pinta en la primera figura humana que has dibujado dónde estás notando esas sensaciones. Garabatea a tu manera, sin juicios sobre cómo y dónde sientes las sensaciones. Utiliza los colores que sientas que mejor expresan eso que has sentido.

Te voy a pedir que te levantes y des unos cuantos saltos, descontractures las partes de tu cuerpo que tienen ganas de moverse. Ahora, lee de nuevo el ejercicio pero cambiando la persona con la que actualmente sientes un conflicto por una persona (o animal) que te haga sentir conectada, en calma, segura. Garabatea de nuevo.

En cada uno de los ejercicios anteriores, ¿Sabrías identificar qué emociones están conectadas con esas sensaciones corporales?

_____

_____

_____

_____

_____

Si no has encontrado una persona o animal con quien hacer el primer ejercicio o el segundo, tampoco pasa nada. Te animo a cambiar «persona o animal» por una situación o momento.

Reconectar con tu cuerpo te permite volver a escuchar información muy valiosa sobre ti y sobre tu entorno. Hacer un trabajo para volver a conectar con él es, sin duda, una ruta de vuelta a ti.

Espero que, a partir de ahora, puedas empezar a prestar un poquito más de atención a qué se mueve dentro de ti o incluso que el hecho de que sepas que se mueve te haga emprender un proceso para aprender a escucharlo.

Eso sí, hazlo dando espacio a eso que viene sin cuestionarte, sin juicio. Sencillamente, deja que surja, pues en historias muy traumatizantes conectar con el cuerpo puede sentirse como una experiencia peligrosa. Supone viajar de nuevo a lugares en los que una no desea estar. Por el contrario, puede haber tanta desconexión con el cuerpo que no se note absolutamente nada. Pese a que el cuerpo es nuestro termómetro, casos con trauma complejo hay que trabajarlos con mucho cuidado y tacto.

EL LENGUAJE DE LAS EMOCIONES

Las emociones surgen dentro de nosotras y no desaparecen. Se han generado por algo y seguirán ahí hasta que se encaucen hacia algún lugar. Algunas de ellas vendrán para decirnos que hay que hacer algo en el presente. Otras, para decirnos que toca trabajar cosas del pasado.

Las emociones son amigas. Guías que nos orientan en la vida, mensajes de comunicación que permiten vincularnos y acción que nos impulsa a movernos y actuar. Cada una de ellas tiene un mensaje valioso para nuestra adaptación y supervivencia en el entorno. Aquí te presento las emociones básicas:

- La tristeza aparece ante la percepción de una pérdida o falta de cuidados, nos moviliza a buscar apoyo en las personas, a parar, a revisarnos por dentro.
- El miedo está ahí para prepararnos ante una situación de peligro o, bien, para evitarlo.
- El asco nos ayuda a expulsar o apartar algo que nos genera rechazo, ya sea una situación, una persona o una cosa.
- La ira nos da energía para hacernos ver, apartar lo que nos hace daño, para defendernos y poner límites físicos o emocionales.

- La alegría motiva la conexión, la unión, la expansión y la exploración, acercarnos a aquello que nos hace bien.
- La sorpresa nos ayuda a ubicarnos ante algo inesperado.

Algunos aspectos básicos de las emociones que me gustaría que supieras:

- Tus emociones tienen libertad para estar ahí, aunque el otro no entienda lo que te pasa por dentro, aunque ni siquiera tú lo entiendas. Darles permiso y espacio para estar hará que se sientan bienvenidas en tu cuerpo, mejorando vuestra relación. Tienes derecho a sentir cualquier cosa dentro de ti. Absolutamente nadie tiene la potestad de invalidar la emoción que estás sintiendo, decirte que no existe o que no tiene derecho a habitar en ti en ese momento.
- Pese a que tengas derecho a experimentar eso que te pasa, no te obligan ni justifican a la hora de actuar de cualquier manera.
- Puedes sentir diferentes emociones a la vez, una no contradice a la otra. Simplemente están y cada una está ahí para decirte algo de la situación en la que te encuentras.
- No hay emociones negativas o positivas, otra cosa es que las encontremos más agradables o desagradables, que nos relacionemos mejor o peor con ellas.

Muchas veces hemos intentado controlar o huir de nuestras emociones en vez de darles espacio y tiempo. ¿Cómo lo hacemos? O bien utilizamos estrategias cortoplacistas (comida, trabajo, móvil, etc.) o sobrepensamos, es decir, utilizamos la cabeza como fuente de seguridad. Pensamos para controlar lo que nos está pasando.

Los bucles mentales son tu cerebro buscando una solución. Sin embargo, acabas enzarzada en pensamientos que solo hacen que aumente tu malestar. No podemos controlar lo que pensamos, así que, para bajar de ese bucle mental, puedes probar a ir hacia el cuerpo, el lugar donde habitan las emociones.

> Cuando nos relacionamos con emociones
> que nos resultan incómodas o desagradables,
> es importante parar y darles un espacio.
> Si las juzgamos, luchamos contra ellas
> o intentamos huir de ellas, nos golpearán
> más fuerte con la intención de que las
> escuchemos, para que, tarde o temprano,
> les prestemos la atención que reclaman:
> si no es hoy, será mañana.

Te propongo unos pasos que pueden ser útiles para relacionarte con esas emociones que llegan. Por favor, ten en cuenta que podrás aplicarlos siempre y cuando no se trate de una emoción que te desborde o sea intolerable para tu sistema:

- Para un momento y respira profundamente.
- Observa dónde se sitúa esa emoción y tómate un momento para ponerle forma, color, textura, sonido… cualquier característica que sientas.

- Dibuja en un papel esa emoción: puede parecer una caricatura o simplemente ser un garabato... lo que te venga a la mente al sentirla.
- Al ver sus colores, su expresión, ¿qué emoción dirías que es? Puedes ir a internet y buscar una lista de «emociones frecuentes» para inspirarte.
- ¿Cuál es el nombre de la emoción?
- Si esa emoción pudiera hablar, ¿qué te diría?
- Pon la mano sobre esa parte del cuerpo donde se está manifestando la emoción y coméntale que la estás viendo, la estás escuchando.
- Exprésale que quizá es incómoda, pero que tiene derecho a estar.
- Ahora que ya le has dado un poco de espacio, toma aire reconduciéndolo hacia ella. Exhala esa tensión. Repite esas respiraciones durante unos minutos.

Hay diferentes experiencias de la vida que puede que hayan hecho que no reconozcamos las emociones que se mueven por dentro, que no sepamos traducirlas, que reneguemos de algunas de ellas o que movilicen en nosotras tal activación que nos desborden. Esto nos genera en todos los casos una incapacidad para utilizarlas como guías.

¿Te identificas con alguna de estas situaciones?

Entornos donde no teníamos a personas que nos hicieran de espejo

Y que nos ayudaran a traducir eso que nos pasaba, generando en nosotras un desconcierto sobre el mundo interno.

Puede que el cansancio de tus padres no les permitiera ver ni estar pendientes de qué te estaba pasando. Sin ese traductor emocional y calma, tú buscaste solución a ese malestar entre libros que te ayudaron a evadirte.

Entornos que solucionaban las emociones y no nos acercaban a sentirlas

Puede que llegaras triste de la escuela y mamá no supiera acompañar esa emoción. Como mejor sabía, te preparaba unas magdalenas de chocolate para alejarte del malestar. Sin darte cuenta, cubrías la tristeza con azúcar sin relacionarte con ella.

Entornos en los que se nos reprimiera, anulara, invadiera, censurara o rechazara

Cuando expresábamos cierto tipo de emociones, enseñándonos que esa expresión era inválida.

Puede que tuvieras una madre que enseguida se mezclaba con tu emoción: si estabas triste, ella se entristecía más, por lo que aprendiste a reprimirla dentro de ti para no preocuparla.

A tu padre no le gustaba que estuvieras triste porque lo relacionaba con debilidad, expresándote: «¡Hay gente que sí que lo está pasando mal ahí fuera!».

Entornos en los que experimentábamos rechazo a ciertas emociones por cómo la expresaron otras personas

Quizá hoy en día rechazas la rabia porque en casa esta emoción se expresaba con agresividad.

Estos hechos hacen que la persona deje de escuchar, tape o no se fíe de lo que suena por dentro. La relación que tenemos actualmente con nuestras emociones tiene mucho que ver con cómo se relacionaron con ellas las personas que nos cuidaron. Te animo a pensar en una emoción con la que no tengas muy buena relación.

EJERCICIO 8. Las emociones desagradables

Completa estas oraciones con lo primero que te salga al sentir esa emoción con la que experimentas una relación difícil.

Cuando experimento una emoción desagradable me digo:

....

....

Cuando experimento una emoción desagradable hago:

....

....

Cuando de pequeña experimentaba una emoción desagradable, en casa me decían, respondían o reaccionaban:

....

....

....

Ahora, tras ver esto, me gustaría que respondieras desde una posición de cariño y calidez qué le hubieras dado a esa niña que experimentaba una emoción desagradable o un momento difícil.

Como adulta que eres, mira a esa niña. Si experimenta una emoción desagradable puedo expresarle o sugerirle:

....

....

....

....

EMOCIONES ENCERRADAS BAJO LLAVE

Las personas con disfraces de niña buena no han aprendido a llevarse demasiado bien con la ira. Ya sea porque se anuló, se rechazó o se tapó constantemente cuando la expresaban, o bien porque de niñas convivieron con personas que la expresaron de maneras que les generaron dolor y rechazo.

Además, la ira ha sido muy rechazada socialmente en la mujer. La ira, emoción de poder, parecía ser una emoción exclusiva para los hombres. Las pocas mujeres que la mostraban eran vistas como grupos minoritarios excluidos, poco femeninos y nada deseados por los hombres, «ya que no era una emoción que quedara bonita o atractiva en la mujer». Esto ha hecho que se reprima dicha emoción en muchas generaciones de mujeres en las que lo que tocaba era ser «tranquila, obediente, cuidadosa, apaciguadora».

Puede que hoy en día creas que expresar esta emoción no es adecuado, porque tú no te enfadas, eres una persona compasiva, sonriente, y expresar dicha emoción queda lejos del concepto que tienes de ti misma o el que deseas que tengan de ti. Puede que tengas miedo de que, al expresarla, salga sin control y arrases con todo. Por supuesto, te da pánico esa destrucción. Con esas ideas acompañándote, puede que los únicos dientes que enseñas sean los de la sonrisa, incluso cuando alguien te acaba de faltar el respeto. Que el único rojo que se asome por tu cara sea el de la vergüenza, aunque hayan sobrepasado un límite.

Si el miedo nos hace cubrirnos, la rabia nos permite destaparnos. La ira es potencia y permite expresarnos con fuerza, poner los pies firmes en el suelo, marcar nuestros límites, marcar territorio, decir: hasta aquí.

Estos son los mensajes que puede estar comunicando la ira dentro de ti:

- Se ha sobrepasado un límite físico o emocional.
- Nos sentimos heridas por algún hecho o actuación de otra persona.
- Algo del presente te está recordando un evento pasado en el que saliste lastimada.
- Tus necesidades no están siendo escuchadas y respetadas.
- Nosotras mismas NO estamos respetando nuestras creencias, necesidades, principios o deseos.
- Estamos tolerando más de lo que deberíamos tolerar.
- No nos están o estamos tratando con justicia, respeto y dignidad.

La ira, como cualquier otra emoción, tiene diferentes intensidades, de una más clarita a la más fuerte. Si eres de las que no expresa esta emoción porque le tiene miedo, quizá es porque piensas en ella cuando está en los tonos más fuertes y hayas vivido a personas en este estado o sientas incapacidad para poder actuar de tal manera.

La ira puede estar siendo tapada por el miedo. Ese miedo muy prudentemente te recuerda situaciones en las que expresar tu enfado o ver cómo una persona cercana lo expresaba se sintió como algo doloroso. Por eso, decidiste guardar silencio como mejor opción para mantener el vínculo.

Pero, como ya hemos comentado, las emociones no desaparecen. La ira no expresada, al no salir, se clava dentro, haciéndole daño al cuerpo, pudiendo llevar a la persona a padecer depresión, trastornos de la conducta alimentaria, somatización e incluso enfermar de forma crónica. La ira no expresada se convierte en un grito encerrado dentro de nosotras.

Un buen camino a seguir para mejorar la relación con tu ira es crear conciencia de cuándo aparece y cómo aparece. Estate atenta a qué pasa en tu mundo interior, quizá empiece a venir a ti una cascada de pensamientos que te culpabilizan, quizá notes cómo se tensa tu mandíbula o se acelera tu pulso y respiración.

Si estás acostumbrada a reprimir tu ira, seguramente, en un punto, aparecerá una alarma: el miedo. Es entonces cuando sería interesante entender el mensaje que trae para ti: te está queriendo proteger. Puede que esa protección siga atascada en el pasado, diciéndote que expresar enfado es peligroso. Quizá tema que, al expresarse, se rompan relaciones que penden de un hilo o que expresarse suponga un cambio en la vida que aún no estés preparada para asumir o afrontar.

LAS PAREDES QUE (NO) TE PROTEGEN: LOS LÍMITES

Nina 😊 estaba intentando crear un hogar.
Un hogar seguro.

Sin embargo, decidió que en su casa no habría paredes. Quería que todo el mundo viniera a visitarla y las paredes le parecían algo hostil.

Nina llevó sus plantas, comida, cama, sofá... a aquella parcelita.

Un día pasó un vecino por allí y se acercó a su parcelita.

😊 —¿Puedo entrar? —preguntó.

😊 —¡Claro que sí!

El vecino entró a tomar algo con Nina. Ella estaba la mar de feliz.

Al día siguiente, Nina tenía ganas de sentarse a leer en el sofá y descansar. Pero dos vecinos se presentaron en su salón.

😊 😊 —¡Hola, Nina! Veníamos a verte.

Con una sonrisa, Nina los invitó a un café.

Ya no le hacía tanta ilusión como el día anterior, pero no entendía por qué.

Al día siguiente fueron cinco vecinos los que entraron en su casa. Algunos estaban sentados en el sofá, otros tomando café en la cocina.

Nina 😊 se sintió muy incómoda, pero no se atrevió a decir nada. ¡No quería ser borde con sus nuevos vecinos! ¿Qué pensarían de ella?

Con el tiempo, vio que las personas llegaban a su casa, se servían lo que querían sin permiso, sin respeto. Cogían lo que necesitaban y se iban.

Un día, harta de todo aquello, pegó un grito a las personas que estaban sentadas en su sofá.

😠 —¡Oye, tampoco hace falta que te pongas así! —se quejó una chica.

Con sensación de culpabilidad, Nina decidió prepararles un café ☕.

Nina estaba tan centrada en ver y satisfacer las necesidades de las personas que estaban a su alrededor para que la vieran como una buena persona que no se daba cuenta del poco respeto que estaban teniendo hacia ese espacio y hacia ella misma. El miedo a sentir rechazo de las otras personas le cerraba la boca, le hacía permitir cualquier invasión y conducta.

Los límites son esas fronteras que nos permiten crear un hogar en el que sentirnos cómodas y seguras.

Si tenemos límites porosos, nuestro hogar se convertirá en un espacio público para los demás, donde no se diferenciará qué es tuyo y qué es mío, quién eres tú y quién soy yo. En cambio, si los límites son muy rígidos, nos aislaremos dentro de nuestro hogar sin dejar que apenas entre aire.

Los límites se pueden construir gracias a esa emoción tan importante de la que te hablaba antes. La ira nos permite expresar y reafirmar nuestro espacio físico y emocional «hasta aquí soy yo, hasta ahí eres tú».

Dar espacio a la ira no tiene por qué ser morder y hacer daño. Más bien me gustaría que se viera como una fuerza dentro de ti que pretende proteger a tu persona tanto física como emocionalmente. Es una manera más de mirarte, cuidarte y velar por ti.

Dar paso a la ira de forma saludable no es sinónimo de descargarla sobre otra persona, sino entender para qué ha venido, qué mensaje nos está comunicando, qué la está causando y buscar la manera de movilizarnos para liberar la energía que provoca en nuestro interior. La ira suena dentro no para señalar al de fuera y buscar culpables, sino para que nos hagamos cargo de nosotras. A veces porque el lugar en el que estamos no nos hace bien, otras por la acción o inacción de la persona que está delante, otras porque no estamos siendo coherentes con nosotras y nuestras necesidades.

Muchas veces, enfocaremos la ira encerrada en nosotras hacia nuestra propia persona a través del automachaque, el autodesprecio, el perfeccionismo... Otras, esa ira encerrada se acumula en forma de odio y rencor hacia el exterior. Dejamos que se vaya haciendo más y más grande dentro de nosotras por el miedo a expresarnos y encontrarnos en una situación de conflicto con la otra persona. O bien buscamos un verdugo sobre el que lanzar esa ira silenciosa por miedo a darnos cuenta de quién es el foco real de nuestro dolor: personas a las que protegemos. A veces, incluso, señalamos fuera para no ver lo que estamos dejando de hacer por nosotras mismas.

Es importante expresar en las relaciones cuáles son nuestros límites y fronteras y ser firmes con ello, sin contradecir o ablandarse ante situaciones en las que la otra persona pone resistencia. Expresar límites siempre será más difícil con el entorno más cercano, el más acostumbrado a que mostremos el patrón de siempre y el que más resistencias pondrá.

Puede que aprendieras que expresar tu enfado, poner límites y ser firme suponía la ruptura con vínculos importantes para ti, pero la realidad es que poder expresar de forma saludable los límites es una manera de vincularnos de forma segura. Basta con decir a las personas dónde quedan nuestras fronteras y qué cosas consideramos que no se están respetando o cuidando. Eso te ayudará como mujer adulta que eres a crear relaciones saludables en las que el otro sepa de ti y de tus necesidades (y viceversa). Y, por supuesto, también alejará a aquellas que solo se vinculan cuando te muestras complaciente y dócil.

Recuerda que nadie tiene poder para expresar cómo deberías o cómo no deberías sentirte; ese terreno interior tuyo es intocable y tienes derecho a sentirte como te sientes ante la situación, así como de velar por tu necesidad.

Habrá personas que nos sorprendan ante ese compartir. Por supuesto, también habrá quienes no nos escuchen, porque estén centradas en su punto de vista o realidad. Podemos encargarnos de lo que hacemos, pero no de cómo responderán o reaccionarán las personas de nuestro alrededor.

En esos casos, también toca hacernos cargo, saber si ese lugar es un espacio seguro para nosotras, si es un lugar en el que quizá toque reducir las visitas o si, definitivamente, es un lugar al que debemos dejar de ir.

Lo importante es que sientas los pies firmes en el suelo con cada paso que decidas dar.

EJERCICIO 9. Observar y aprender

Para empezar a mejorar tu relación con la ira y aprender a poner límites, también es buena idea convertirte en observadora y aprendiz: ¿Hay personas en tu entorno que sepan poner límites firmes de forma respetuosa? Puede que conozcas personas que te hayan sorprendido porque son capaces de expresar su enfado sin problemas, quizá puedas inspirarte en personajes de películas, series o libros. Te recomiendo echarle un vistazo a las personas que sepan utilizar esta emoción marcando límites firmes, expresando sus emociones sin agredir al otro, que observes cómo ocupan su espacio, respetando al otro, pero sobre todo respetándose a sí mismas. Sí, se puede expresar esta emoción de manera saludable.

LÍMITES EMOCIONALES

Érase una vez una bolsa de basura.

Clara 👧 tenía una cena en casa de sus padres.

Su madre estaba angustiada con un tema y estuvo
toda la noche descargando esa emoción con ella.
Papá, por su parte, parecía enfadado,
¿habría hecho algo?

—¡Ay! Cuánta basura acumulada —dijo mamá al final
de la noche 🌙.

—Tranquila, mamá, ya la bajo yo. Papá, ¿bajo esta
bolsa también? —preguntó Clara al ver otra bolsa.

Tras un gruñido, Clara entendió que también
le tocaba bajarla.

Clara 👧 cogió todas las bolsas de basura y las llevó
a cuestas en busca de un contenedor donde tirarlas.

De camino, se encontró con Ana, su amiga,
que estaba muy triste. Por supuesto,
paró a escucharla.

Al final de la conversación, Clara vio que Ana iba
cargada con una bolsa de basura:

—Oye, Ana, dame tu basura, ¡voy de camino
a los contenedores!

Pero... ¡Uf, cómo pesaba!

🫠 Cargada con toda la basura... y con la conversación de mamá, la de Ana y el enfado de papá
—que quizá era por algo que había hecho ella—,
llegó a su apartamento.

Sin darse cuenta, había metido todas esas bolsas de basura dentro del piso 🗑️.

Estaba taaan agotada física y emocionalmente que no deseaba bajar en busca de un contenedor... 😵‍💫

«Ya lo haré mañana».

Clara era experta en cargar pesos que no eran suyos.

●●●

Era tan fácil contagiarse de la angustia de mamá, sentirse culpable por los enfados silenciosos de papá y querer socorrer a Ana de sus problemas... Clara se sentía tan responsable de las emociones de las personas de su entorno que ni siquiera se daba cuenta de todas las bolsas de basura que aguantaba en sus manos. El miedo a decepcionar o fallar a la otra persona le hacía enfocarse en los demás y olvidarse por completo de ella.

Quizá te reconoces como una persona hiperempática que entiende a su entorno y que sabe ponerse en el lugar de los demás. Pero, ante las emociones del resto, siempre acabas sintiendo culpabilidad o responsabilidad. Esa posición te deja en un lugar frágil, ya que, cuando te fusionas con las emociones de los demás, te distancias de ti. Siento decirte que eso no es empatía.

A través de la empatía, una busca comprender de forma genuina a la otra persona. Sin embargo, una persona con falta de límites absorbe, traga, se culpa y responsabiliza de lo que le está pasando al otro. Una persona con falta de límites, pese a sentir lo que está sintiendo la otra persona, no la está mirando de forma genuina, sino que está intentando aliviar el dolor/conflicto que le provoca a sí misma.

De esa manera, si le quita malestar o le libera de él, dejará de sentir culpabilidad o responsabilidad.

> No es que estés viendo el dolor, es que deseas quitárselo al otro para quitártelo tú también.

Si cargas y sostienes emociones ajenas que hacen que estés más pendiente de sacar la basura del vecino que la tuya propia, tu casa siempre acabará abandonada y descuidada, haciendo que dentro de ti no haya un hogar que te acoja. Tanto contagio e implicación emocional te hacen sentir agotada. Fuera de ti, de tu vida. Puede que despierten en ti respuestas automáticas que te hacen ir a socorrer a la otra persona, porque:

- Sientes que debes cuidarla, como si estuviera desvalida o desprovista de herramientas.
- Sientes que el conflicto que surge en su interior es por tu culpa y, por ello, tienes que hacerte cargo.
- Si no cubres su necesidad, va a pensar mal de ti.

Cada vez que nos ocupamos de las emociones o asuntos de la otra persona, estamos dando por sentado que ella no podrá hacerlo. Puede que en el pasado así te lo hiciera sentir o que esa persona te recuerde a alguien que así te lo hizo sentir, pero hacerle su trabajo emocional le quita la opción de encargarse de sí misma.

Puede que te cueste dejar ese papel porque sientes que, sin él, no tienes derecho a estar en la vida de esa persona. Fue así como aprendiste a hacerte hueco en tu primer hogar: ayudando, cuidando, salvando. Sin embargo, desprenderse del «hacer» para que te quieran es una buena oportunidad para reconciliarte con quién eres realmente y sentir que se te puede querer simplemente por quien eres.

Puede que, si te hicieron sentir responsable de lo que pasaba en tu entorno, estés atenta al mínimo indicio de conflicto, porque piensas que tú eres la generadora de esa emoción en la otra persona. Es importante separarnos de la escena cada vez que nos situamos como personaje principal en el conflicto del otro.

Por otro lado, puede que haya emociones que no toleres por lo que supusieron para ti. Esa incomodidad que sientes dentro al experimentarla en otra persona hace que desees liberarla para no «tener» que tolerarla tú. Ahí puede entrar el que orientes o guíes a la persona sobre sus problemas.

Recuerda que una persona te puede estar expresando sus problemas para que la escuches, no para que le des soluciones. Como adulta que es, ya habrá pensado en alternativas. En caso de necesitarlas, puede expresar dicha necesidad.

Dar una solución no es ayudar, sino invalidar el mensaje que el otro trae. Cuestionar la capacidad que tiene para gestionar su propia vida. Anular un lugar de confianza en el que busca sostén. Si alguien te cuenta sus cosas es para darle espacio a esto que le pasa, no para que se lo resuelvas.

EJERCICIO 10. Los límites emocionales

Te animo a poner en práctica la observación en diferentes situaciones en las que te haces cargo o te responsabilizas de las emociones del otro. Piensa en un momento reciente, ya sea con tu pareja, un familiar, una compañera de trabajo o una amiga.

¿Qué supondría dejar de cubrir emocionalmente o responsabilizarte del otro?

_____

_____

_____

¿Qué beneficio obtendrías al dejar de hacerlo?

_____

_____

_____

_____

RESISTENCIAS A NUESTRO ALREDEDOR

Después de toda una vida
con la mandíbula rígida, cuando una
empieza a expresar, se encontrará
con muchas resistencias del entorno
y dudas dentro de sí misma.
A tu entorno ya le iba bien la niña buena
que no se quejaba de nada.
Saldrán resistencias y críticas por todos lados
como presión inconsciente para mantenernos
en la misma posición en la que estábamos.

Algunas de las resistencias con las que puedes toparte en tu entorno son:

- «Vaya… estás muy tuya». Tu madre cuando le dices NO a ese plan al que siempre vas con ella por compromiso.
- «No se te puede decir nada». El que siempre opina sobre los pasos que tienes que dar en tu propia vida.
- «Esa psicóloga tuya te está comiendo la cabeza». Esa persona a la que has expresado tu necesidad de mantener distancia.

Sí, lo sé. Da miedo. Siempre existe el riesgo de que, en este proceso de cambio, nos distanciemos de las personas. En otros casos se reubicarán y crearán nuevas maneras de vincularnos más saludables para nosotras.

El proceso no es sencillo, tampoco se da de un día para otro. Expresar tus fronteras y poner límites es difícil y siento decir que, una vez hecho, no saldrá confeti. Nadie aplaudirá cuando pongas tu primer límite. Incluso puede que titubees, que alces el tono más de la cuenta o te quedes sin palabras. También es probable que analices una y otra vez la cara que puso la otra persona mientras le decías «no».

Tranquila, forma parte del proceso.

Quiero expresarte que los límites no están reñidos con el amor. Los límites no son los que rompen relaciones, son las personas. En las relaciones saludables los límites son algo básico e imprescindible, son solo una forma más de decir: te expreso mi necesidad porque te quiero y quiero que sigas en mi vida.

Cada vez será más fácil y, aunque el confeti no sea instantáneo, dentro de ti irán creciendo una fuerza y una coherencia con las que empezarás a sentir confianza y presencia.

No eres responsable de cómo te trata la gente.
Que te traten de una manera u otra
no dice nada de ti, pero te da información
de cómo está siendo la otra persona.
Sin embargo, es importante que sepas
que sí eres responsable de cómo
permites que te traten las personas.

A menudo nos cuesta poner límites con nuestros cuidadores. Aunque a medida que crecemos nos permitimos ir viéndolos más humanos, con sus cosas bonitas y otras que no lo son tanto, las mujeres con disfraz de niña buena tienen dificultades para ver esa parte menos agradable y la maquillan en exceso para no ver su piel. Bajo la idealización de una figura de cuidado, hay enfado hacia una persona que no supo estar con la niña ni verla o darle la protección, la voz y el espacio que necesitaba. A través de la idealización, inhibe bajo todo el maquillaje la rabia, la frustración, la tristeza... de situaciones repetidas en las que se generaron heridas profundas para poder salvar un vínculo amargo que se sintió inestable y vulnerable. Un vínculo en el que la niña está cargando con una gran responsabilidad que no le toca o silenciando un dolor que no puede cargar a menos que no lo tape o no lo invisibilice.

Ahora, como mujer adulta, quizá sigues con ese filtro puesto. Justificas diferentes situaciones o acciones que te hacen o hicieron daño, tanto con esos cuidadores como con otro tipo de vínculos presentes, encerrando tus emociones en favor de las suyas sin permitirte poner límites saludables.

Cuidado, porque entender y justificar son conceptos muy diferentes. Puedes entender la situación por la que está pasando esa persona, su pasado, sus heridas..., pero en ningún caso justifica que te haga daño.

Justificar a la persona que te trata mal es una estrategia que utilizan las personas para mantener los vínculos. Justificar permite cerrar los ojos ante el dolor que la otra persona te está causando. Sin embargo, en ese justificar dejamos de mirar el impacto que ha causado en nosotras, lo que nos lleva a no mirarnos ni encargarnos de ese dolor.

Cada vez que justificas que te hagan daño, dejas de mirarte. Le das la espalda a esa niña que no se atrevió a decir BASTA por miedo a perder una mirada.

Cuando una empieza a adentrarse en su interior, pasa por ese punto en el que deja de mirar a sus cuidadores con ojos de niña que los protege para empezar a mirarlos como personas con sus luces y sus sombras. Ver las sombras de la otra persona no sirve para culpabilizar, sino para conectar con aquello que no merecí, con aquello que me dolió o aquello que necesité y no tuve, para dejar de normalizar conductas que permito porque son familiares o darme cuenta de cosas que necesito y de las que debo encargarme yo, ahora, como adulta.

NO TE JUSTIFIQUES

Puede que tengas la necesidad de justificarte cada vez que tomas una decisión para que la otra persona valide tu movimiento antes de hacerlo o incluso para pedir compasión por esa elección o límite que has decidido poner. Puede ser una reacción ante la necesidad de sentir seguridad en el vínculo. Puede que en tu infancia tuvieras que justificar tus intenciones para evitar críticas, juicio, rechazo, ofensas o reacciones emocionales intensas en tu entorno. Ahora todo ello forma parte de tu manera de apaciguar a las personas de tu entorno ante la sensación de amenaza que te produce tomar una decisión o salirte un poco de tus esquemas.

Recuerda que eres una persona adulta, aunque no te sientas así, aunque sea delante del resto de personas.

Tras una decisión, límite o elección, no hace falta una justificación. Tienes derecho a ser dueña de tu vida.

> Cuando explicas tus pasos,
> ya has tomado una decisión.
> Cuando los justificas,
> estás pidiendo permiso para vivir tu vida.

No eres mala por decir que NO. No eres egoísta porque no te apetezca ir a ese plan ni desconsiderada por construir tu camino lejos de casa. Vivir acorde contigo no rompe vínculos que te hacen bien. Y, si los rompe, es que quizá no merezcan estar ahí.

LOS LÍMITES HACIA UNA MISMA

De pequeña, Aria se apuntó al concurso anual de castañas.

«¡Quien llene antes la cesta de castañas gana!».

Y... ¡Ganó el primer premio!

Así cada año.

Cuando sus padres la miraban con orgullo al coger el premio, ¡se sentía tan bien! 🏅

Ella quería seguir siendo eso de lo que sus
padres se sentían tan satisfechos:
¡la ganadora del concurso!

Con el tiempo, pensó que ya era mayor para seguir y
se planteó dejarlo, dedicarse a otras cosas
y a sí misma. Pero parte de su identidad se sentía
fusionada con aquella práctica. Así que siguió
participando en ese juego de niños. Por supuesto,
ganando.

Pensarás: «Oye, Aria, ese juego ya no es para ti,
mujer... ¡déjalo!»

Aria se prometía que dejaría de hacerlo, pero algo
dentro de ella no se sentía satisfecha.

Llevaba toda su vida cumpliendo metas,
mostrando lo válida que era.

Por muy llena que estuviera la cesta de castañas
y la estantería de trofeos, basaba su valía en lo
que lograba.

Lógico que no pudiera dejar de jugar a ese juego
de niños. Ese que consistía en buscar su valía
en ojos de otros.

La realidad es que también es necesario poner límites dentro
de nosotras.

Aria llevaba toda su vida cumpliendo metas para que vieran
lo válida que era. A través del hacer es como aprendió a encon-

trar una mirada en su entorno. Silenció sus necesidades para poder seguir el ritmo que se exigía. Apagó sus deseos y anhelos para seguir en ese lugar en el que se sentía vista y se volvió esclava del «modo hacer».

Dejar de mirarte cada vez que el cuerpo habla y decidir seguir por el mismo camino, a la misma velocidad, es una manera de repetir una historia que sigue doliendo dentro de ti: no sentirte vista.

Si de forma inconsciente sentimos que somos alguien por los resultados que obtenemos o las cosas que hacemos, es lógico que dentro de nosotras siga esa necesidad de seguir haciendo y haciendo. Naturalmente, nos tocará hacer una visita a esas estructuras interiores que sienten que no pueden detenerse para poder acercarnos poco a poco a la niña que sigue padeciendo el dolor de no sentirse digna de una mirada por ser quien es.

Si queremos empezar a trabajar en ello, es importante conectar con el cuerpo, cómo se está sintiendo y qué viene a nosotras en el momento en que decidimos seguir hacia adelante pese a sus señales. Esto al inicio lo haremos de forma automática, por lo que, cuando estemos asumiendo las consecuencias de las largas horas frente al ordenador, estaría bien ir hacia atrás para revisar qué pasó cuando estábamos cansadas y decidimos seguir cinco horas más frente a la pantalla. Esto nos permitirá ir tomando consciencia de los comportamientos automáticos para trabajar en ellos.

EJERCICIO 11. Qué pasa por dentro

Tanto si eres de las que no pone límites por miedo a lo que dirá la otra persona como si eres la eterna cuidadora o perfeccionista y autoexigente contigo misma, me gustaría que conectaras un momento con alguna escena en la que hayas sobrepasado tus límites o hayas dejado que otros lo hagan.

Conecta con esa escena. ¿Qué estaba pasando?

....

....

Permítete explorar qué pasa dentro de ti, ¿qué se activa en tu cuerpo?

....

Si notas sensaciones, ¿dónde las localizas? ¿Cómo se sienten? Puedes ayudarte dibujándolas.

....

....

Ahora te voy a pedir que encarnes esa parte de ti que más atención necesite en este momento. Conviértete en ella para que pueda expresarse y explicarte para qué aparece en esos momentos. Algunas de estas premisas te ayudarán para escribir desde esa parte de ti:

Querida ....

....

Mi nombre es ....

....

Soy esa parte de ti que ....

....

Me gustaría que entendieras ....

....

Estoy en ti desde ....

....

....

Mi trabajo entonces era ....

....

....

....

Mi función en tu vida ahora mismo es ....

....

....

....

Si dejo de hacer lo que hago, entonces ....

....

....

....

Gracias por darme voz,

Atte. ....

DE VUELTA
A TI

A medida que conocemos y entendemos las capas que tenemos, mejoramos nuestra relación con nosotras mismas y entendemos muchos de nuestros patrones, de nuestras formas de cuidarnos, de hablarnos, de relacionarnos con los demás y con nosotras. Así se cultiva una mirada compasiva que empieza a entender su propia complejidad, en la que cada pieza es una historia y cada capa rígida es solo una parte que trabaja duro para proteger un dolor.

Hay algo que va más allá de esas capas y de esas historias que nos forman. El yo adulto (o *self*), nos permite ver con perspectiva, desde la calma, la compasión, el cariño y la cercanía, todas las capas que nos cubren, todas las historias que nos forman. Es en esencia lo que somos cuando no estamos ahogadas tras el ruido, cegadas tras la niebla, intranquilas, abrumadas.

Acompañar a desarrollar la fuerza del yo adulto permite mirar con ojos incondicionales a todas las partes que nos constituyen y fomentar su diálogo interior. También hará que escuchemos las necesidades, deseos y anhelos que surgen por dentro y que nos acompañen con calidez, seguridad y sostén cuando pasamos por momentos en los que emergen emociones que no son tan agradables.

> Hacer grande ese Yo Adulto supone
> empezar a mirar nuestro interior con ojos
> más bondadosos, enviar una mirada
> a todo nuestro sistema de que es valioso
> y de que, como valioso que es,
> merece ser cuidado con amor.

En terapia permitimos que nuestras capas se expresen, les damos espacio, les comunicamos que las vemos, trabajamos para que nos vean y sepan que ya no somos esa niña desvalida por la que tuvieron que ponerse a trabajar de forma tan dura. Nos acercamos poco a poco a ese dolor interior que, con tanto esfuerzo, han estado protegiendo.

Pese a que no podemos borrar las páginas de nuestra historia, podemos acompañar a nuestro cuerpo para dejar esos capítulos atrás. Está en nosotros poder entender y aceptar que esas historias ya están ahí escritas, pero no tienen por qué seguir formando parte de los capítulos que merecemos empezar a escribir: historias en las que no sigamos cargando el dolor del pasado.

El proceso de acercarnos a ese dolor que sigue encerrado en nosotras implica muchas lágrimas por todo aquello que pasó, también por todo aquello que faltó. También dará paso a la ira por todas aquellas injusticias que viviste o que sigues tolerando. Esa ira, sin embargo, será una gran aliada para empezar a construir unas paredes saludables de protección, así como para encender la valentía y el coraje que permitan darte voz, ser quien eres, velar por ti y por tus necesidades. Y así sentirás cada vez menos la necesidad de centrar tu atención en los demás para leerlos, para apaciguarlos o complacerlos. Serás cada vez más conocedora de tus tendencias automáticas y pondrás límites que te ayuden a serte fiel.

Me gustaría expresarte que sanar no es sinónimo de estar alegre todos los días, sino más bien conseguir poco a poco irnos reconciliando con nuestro interior, cogiéndonos cariño, tratándonos con curiosidad, compasión y afecto. Dándonos cuenta de cómo nos hablamos y tratamos por inercia, para mirarnos como merecemos ser miradas. Supone cuidarnos cuando estamos mal, permitir que nos cuiden cuando lo necesitamos, saber darnos voz ante nuestras necesidades, sentir que tenemos derecho a crear nuestro camino, expresar nuestros deseos y necesidades y observar que hay lugares en los que se nos extiende la mano. Es darnos permiso para SER, sin tener que pedir permiso para vivir nuestra vida, ni tener que dejarnos de lado para formar parte de la vida de otras personas.

Sanar supone el sutil arte de abrir la puerta de tu vida a esas personas que sabes que van a cuidar de esa plantita que estás cuidando en tu interior. Cuanto más amable eres contigo misma, más compromiso creas contigo para cuidarte, respetarte y velar por ti. De este modo, toleras cada vez menos estar ante personas que no te hacen bien porque sabes que eso que estás cuidando es frágil y... ¡no te da la gana de que venga cualquiera a estropearlo!

Sanar es entender que eres valiosa fuera de ese papel que sostiene malestar, hace oídos sordos a las faltas de respeto o calla para no molestar. Que mereces escuchar las señales de tu cuerpo, darte voz y sentirte libre de expresarte y ser.

Es ampliar tu curiosidad y dejarte sorprender cada vez que te muestras fuera del disfraz porque las personas que te rodean siguen ahí.

En este proceso hacia dentro, te deseo mucha curiosidad para asomarte a tu interior sin juicio. Mucha compasión para abrazar todas las partes e historias que están dentro de ti. Y puro amor para acercarte a esa niña que hace tiempo que te está esperando.

Envíale un abrazo de mi parte ☺.

AGRADECIMIENTOS

Para empezar, me gustaría darte las gracias por tener este libro entre tus manos, por haber llegado hasta aquí. Espero que, tanto si está lleno de garabatos como si eres de las que prefiere hacer las actividades aparte, quede en un rinconcito de tu estantería y sus palabras grabadas dentro de ti.

Me gustaría dar las gracias a Míriam, mi editora, por haber puesto el ojo en mí y haberme dado la oportunidad de cumplir un sueño: escribir mi primer libro. Gracias también a Oriol, por su amabilidad, dedicación y paciencia. Gracias también al resto del equipo.

Gracias a los profesionales de salud mental que han ido apareciendo a lo largo de mi carrera profesional y que me han ayudado a ver a las personas, además de a mí misma, desde diferentes ángulos y con curiosidad.

Gracias a todas las personas que me hacen sonreír desde el corazón, esos prados donde mis pies se sienten libres de ser. Ya sabéis quiénes sois.

Gracias, Arantxa, por estar ahí siempre.

Gracias, Ari y Laia, por recordarme lo que es ser niña.

Gracias, Sara, por ser hogar, aunque estemos lejos.

Gracias, papá, por tus bromas, por los vasos de leche con miel calentitos cuando tosía y esas sopas de arroz cuando me dolía la barriga. Mamá, por tu sonrisa, tus manos y tu lunar. Por el olor a tierra y pintura. Abuela, por tus ojos grises llenos de ternura.

Finalmente, a ti, Miky, por toda la paz que me regalas. Gracias por hacernos mayores juntos sin olvidarnos de jugar como niños.

Este libro se terminó de imprimir
en febrero de 2024